*Frühlingsgenuss & Sommerliebe*

ELENA KLINK

# *Frühlingsgenuss & Sommerliebe*

Leichte vegetarische Rezepte
für drinnen & draußen

JAN THORBECKE VERLAG

**VERLAGSGRUPPE PATMOS**

**PATMOS**
**ESCHBACH**
**GRÜNEWALD**
**THORBECKE**
**SCHWABEN**
**VER SACRUM**

Die Verlagsgruppe
mit Sinn für das Leben

Symbolerklärung:
*Tipp*
*Vegan-Tipp*

Ihr findet Elena auch online:
auf Instagram: https://www.instagram.com/detaillovin/
auf Pinterest: https://www.pinterest.de/detaillovin/
auf meiner Website: http://detaillovin.com/
Ich freue mich, wenn ihr dort vorbeischaut. Gerade an wärmeren Tagen drehe ich in meinem Outdoor Studio Rezeptvideos, die auf meinem Instagram-Account zu finden sind.

MIX
Paper | Supporting responsible forestry
FSC® C084698

Klimaneutral
Druckprodukt
ClimatePartner.com/14549-2003-1001

Die Verlagsgruppe Patmos ist sich ihrer Verantwortung gegenüber unserer Umwelt bewusst. Wir folgen dem Prinzip der Nachhaltigkeit und streben den Einklang von wirtschaftlicher Entwicklung, sozialer Sicherheit und Erhaltung unserer natürlichen Lebensgrundlagen an. Näheres zur Nachhaltigkeitsstrategie der Verlagsgruppe Patmos auf unserer Website www.verlagsgruppe-patmos.de/nachhaltig-gut-leben


Verlagsgruppe Patmos in der Schwabenverlag AG, Ostfildern
www.thorbecke.de

Gestaltung, Satz und Repro: Finken & Bumiller, Stuttgart
Fotos: © Elena Klink
Druck: PNB Print Ltd, Silakrogs
Hergestellt in Lettland
ISBN 978-3-7995-1596-2

# INHALT

# ÜBER MICH

Ich bin Elena, gelernte Fotodesignerin, von Herzen Gastgeberin und koche und backe leidenschaftlich gerne. Meine vegetarischen, saisonalen und ab und zu auch veganen Rezepte entstehen spontan aus dem Bauch heraus. Mal inspirieren mich der besonders schön blühende Birnbaum, an dem ich vorbeilaufe, ein Geruch oder ein Songtitel, den ich höre, oder ich betrachte blühende peachfarbene Rosen in der Abendsonne und bekomme plötzlich Lust auf einen Aprikosen-Pie, oder eine Urlaubserinnerung inspiriert mich zu einem Pastagericht. Seit 2016 habe ich meinen Food- und Lifestyle-Blog und lade dort meine saisonalen Rezepte hoch. Auch auf Instagram bin ich sehr aktiv und gehe in der Rezeptentwicklung, eigenen Kreationen und emotionalem Storytelling voll auf und liebe es, auf meinen Reisen kulinarische Neuheiten zu entdecken. Ich bin ein ganz großer Fan davon, draußen zu kochen. Supergerne gebe ich kleine, feine Einladungen zu Picknicks, dem ein oder anderen Outdoor Dinner oder Outdoor Café oder frage Menschen, ob sie vorbeikommen möchten, wenn ich im Outdoor Studio vor meiner blauen Hütte koche. Mein Herz hüpft dann vor Glück, wenn ich meiner Leidenschaft nachgehen und dabei anderen eine Freude machen kann. Ich genieße auch das Gestalten drum herum: die passenden Blumen aussuchen, die frisch gewaschenen Leinentischdecken zusammen mit dem liebevoll ausgesuchten Geschirr in den Garten tragen und dort kleine Kuchen, Pastagerichte & Co. in Szene setzen. Wenn dann gerade im Sommer das sanfte Licht darauf scheint, kann ich meine Freude kaum in Worte fassen.
Ich bin supergespannt, wohin die Reise geht, und es ist noch so unwirklich, dass ich jetzt mein eigenes Koch- und Backbuch habe, in dem mein ganzes Herzblut steckt. Ich hoffe, ihr habt an den Rezepten genauso viel Freude wie ich und ich kann euch mit meinen leicht nachzumachenden Rezepten begeistern.

*Ganz viel Freude damit*
*Elena*

# SAISONALE KÜCHE

Schon in meiner Kindheit wurde bei uns saisonal gekocht und auf das zurückgegriffen, was es je nach Jahreszeit gerade gab. Jetzt, wo ich auch einen eigenen Garten habe, in dem ich Gemüse, Kräuter und Blumen anpflanze, bin ich automatisch saisonal unterwegs. Zudem schmecken die Produkte viel aromatischer und man freut sich auch wieder so sehr darauf und kann es kaum erwarten, dass zum Beispiel Erdbeer- oder Spargelzeit ist. Wenn ich dazu komme, gehe ich sehr gerne auf den Markt und besuche besonders die regionalen Stände, wo das Angebot größtenteils aus saisonaler Ware besteht. Der kleine Mühlenladen bei uns um die Ecke hat ebenfalls einen Großteil seines Angebotes von umliegenden Gärtnereien und Höfen. Im Sommer kann ich in meinem eigenen Garten ernten und manchmal auch bei den Eltern meiner besten Freundin. Dann zeige ich immer ganz stolz, was sich in meinem Korb voller frisch geernteter Köstlichkeiten befindet. Auch lade ich gerne meine Gäste zu einem Outdoor Dinner oder einer Garten-Pizza im Freien ein und erzähle stolz: „Schau mal, die Zucchini habe ich selbst gepflanzt." Zudem ist das saisonale Angebot nicht nur aromatischer und voller wichtiger Vitamine & Co., sondern oft auch günstiger. In der Spargelzeit etwa merkt man, dass die Preise günstiger werden, wenn sich diese dem Ende zuneigt. Auch finde ich, dass saisonale Gerichte immer eine Geschichte erzählen: „Weißt du noch im Sommer, wo wir diesen leckeren Tomatensalat gegessen haben? Erinnerst du dich an die Aprikosen-Lavendel-Küchlein beim Picknick?" Auch freue ich mich jedes Jahr auf frischen Basilikum im Frühsommer oder wenn die letzte Aubergine geerntet ist und man sich diese mit noch mehr Genuss schmecken lässt. Ich liebe es, mit meiner Gießkanne bepackt barfuß übers Gras zu meinem Garten zu gehen, und manchmal ist das Gras vom Morgentau noch nass. Jedes Mal bestaune ich, wie alles dort gewachsen ist, und passend zu meinen Gerichten kommen dann die saisonalen Blumen aus dem Garten.

# OUTDOOR STUDIO

Wenn mich jemand nach meinem Happy Place fragen würde, dann ist es das Outdoor Studio. Ein kleines Paradies umrandet von Bäumen. Ich weiß noch ganz genau, wie ich in einem Sommer die Gartenhütte abgeschliffen und mit der blauen Schwedenfarbe gestrichen habe und wie ich jeden Tag von zu Hause aus dorthin gelaufen bin und mich das so glücklich gemacht hat. Mit Kreide schrieb ich auf die Tafel OUTDOOR STUDIO. Die blau angestrichene Holzplatte stellte ich vor die Hütte und der alte verschnörkelte Holzstuhl passte super dazu. So baute ich jedes Mal das Set auf und ein Strauß – meist mit Wiesenblumen – durfte nicht fehlen. Dann stand ich da vor meiner blauen Hütte und kochte auf dem Campingkocher einfache saisonale Gerichte und war so unfassbar glücklich und bin es jedes Mal wieder, sobald ich vor dieser blauen Hütte stehe. Daher musste sie auf jeden Fall in mein Kochbuch und jedes Rezept aus dem Outdoor Studio habe ich für euch gefilmt. Ihr könnt die Filme auf meinem Instagram-Account ansehen. Mal fährt ein Traktor im Hintergrund vorbei, während ich das Curry koche, oder der Wind rauscht durch die Bäume, als ich gerade die Pancakes ausbacke – das alles gehört dazu und lässt mein Herz höherschlagen, weil es jedes Mal so schöne Erinnerungen weckt, wenn ich das höre. Zudem liebe ich es so sehr, im Freien zu kochen und Gastgeberin zu sein. Ich hoffe, ich kann auch eure Herzen vor Freude zum Hüpfen bringen.

OUTDOOR STUDIO

Frühling,

du duftest lieblich nach Neuanfang,
ersten Picknicks
und Erdbeerküchlein.

# SÜßE LECKEREIEN

Ich liebe Kuchen und Dessert im Mini-Format. So kann man genießen, ohne dass es direkt zu viel wird oder schwer im Magen liegt. Zudem, finde ich, sehen die Kuchen im Mini-Format, wie der cremige Ricotta-Cheesecake, superschön aus und man kann sie gut als Mitbringsel zu einer Kaffeeeinladung mitnehmen. Die Mini-Erdbeer-Küchlein oder die Grieß-Topfen-Gugel eignen sich gut, wenn man mehrere Kuchen anbieten möchte. Für eine süße Kleinigkeit am Nachmittag sind die Kuchen im Mini-Format also genau richtig. Zum Frühstück habe ich gerne eine süße Nascherei, wie die veganen Haferflocken-Schoko-Pancakes. Und ein Brownie-Rezept darf bei den süßen Leckereien nicht fehlen; jetzt im Frühjahr passen Erdbeeren ganz wunderbar zu den schokoladigen Brownies. Da ich ein Waffelliebhaber bin, muss auch ein Waffelrezept unbedingt dabei sein, und mit der Vanilleschote ist es ein De-luxe-Waffelgenuss, der schon als Dessert oder Kuchen durchgeht. Die Grieß-Topfen-Gugel sind auch super, wenn man ein kleines spontanes Picknick macht oder man kann sie zusammen mit einem Kaffee auf einen Spaziergang mitnehmen, bei dem man sich an der schönen Obstbaumblüte erfreut.

# CREMIGSTER MINI-RICOTTA-CHEESECAKE MIT ERDBEEREN

*Dieser Ricotta-Cheesecake ist wunderbar cremig und kommt ganz ohne Boden aus. Gerade in der Mini-Springform ist er auch perfekt, um Nachbarn oder Freunden eine Freude zu machen. Wir saßen unter der Birke im Garten und haben den Cheesecake an einem Frühjahrsnachmittag genossen. Er zergeht förmlich auf der Zunge. Die frischen und fruchtigen Erdbeeren passen super dazu. Auch für den Sommer mit Himbeeren oder Pfirsich serviert ein Genuss.*

Für 3 Mini-Cheesecakes

*Was ihr dafür benötigt:*
3 Mini-Springformen (11 cm Durchmesser, 4,5 cm Höhe)

*Für den Cheesecake:*
200 g sahniger Frischkäse
300 g Ricotta
100 ml Sahne
1 EL Vanillepaste
3 Eier
2 gehäufte TL Lemon Curd
Zitronenabrieb
150 g Rohrohrzucker
1 ½ EL Dinkelmehl (Type 630)

*Für die Toppings:*
Erdbeeren
Erdbeerblüten als Deko (optional)
Puderzucker

1. Den Backofen auf 175 °C Ober-/Unterhitze vorheizen.
2. Den Frischkäse, den Ricotta und die Sahne in eine Schüssel geben und mit einem Schneebesen cremig rühren. Die Vanillepaste einrühren. Die Eier vorsichtig mit dem Schneebesen unterrühren. Den Lemon Curd hinzugeben und vorsichtig mit dem Rest vermengen. Zitronenabrieb nach Geschmack und den Zucker hinzugeben und ebenfalls vorsichtig unter die Masse heben. Zum Schluss das Mehl unterrühren, bis eine klumpenfreie Masse entsteht.
3. Die Springformen mit Backpapier auslegen und den Teig bis kurz unter den Rand füllen. Für die dritte Springform bleibt etwas weniger Teig übrig.
4. Etwas Zitronenabrieb auf den Teig reiben.
5. Für ca. 30 Minuten backen. Den Backofen ausschalten und etwas in die Backofentür klemmen, sodass ein kleiner Spalt offen ist. Die Cheesecakes noch weitere 30 Minuten setzen lassen. Aus dem Ofen nehmen. Kurz abkühlen lassen und in den Kühlschrank stellen.
6. Die Erdbeeren waschen, putzen und in kleine Stücke schneiden. Wer mag, kann ein paar halbieren. Das sieht wunderschön aus.
7. Den Cheesecake aus der Form holen (gerne das Backpapier dran lassen und später dann nur die Seiten herunterklappen zum Schneiden).
8. Die Erdbeeren mittig auf den Cheesecakes verteilen. Optional mit den Erdbeerblüten dekorieren und am Ende mit etwas Puderzucker bestäuben.

♡ *Wer es gar nicht abwarten kann, der lässt den Cheesecake nur leicht abkühlen und isst ihn dann noch leicht warm. Da ist er noch cremiger und man kann gar nicht genug davon bekommen. Extra Tipp: Nehmt einen guten Ricotta, denn da macht die Qualität einen Unterschied.*

# SCHOKOLADIGE BROWNIES MIT EIS UND ERDBEEREN

*Diese Brownies sind so schokoladig und haben durch die Zartbitterschokolade eine leichte herbe Note. Die kleinen Toffee-Stücke und die klein gehackten Haselnüsse machen sich super im Brownie. Wer mag, kann dazu ein Eis, zum Beispiel Cookie-Eis, und Erdbeeren servieren. Unfassbar köstlich und für den Sommer auch mit Himbeeren ein Traum.*

Für 1 Brownieform

*Was ihr dafür benötigt:*
quadratische Brownieform
(24 × 24 cm, 5 cm hoch)

*Für die Brownies:*
150 g Zartbitterschokolade (70 %)
100 g Butter + Butter zum Fetten der Form
3 Eier
150 g feiner Rohrohrzucker
80 g Dinkelmehl (Type 630)
ca. 2 Handvoll klein gehackter Haselnüsse
6 Sahne-Toffees

*Für die Toppings:*
150 g Zartbitterschokolade (70 %)
Eis, z. B. Cookie-Eis (optional)
Erdbeeren (optional)

1. Die Zartbitterschokolade über dem Wasserbad zum Schmelzen bringen.
2. Den Backofen auf 175 °C Ober-/Unterhitze vorheizen.
3. Die Butter in einer kleinen Pfanne oder einem kleinen Topf zum Schmelzen bringen.
4. Die Eier mit dem Zucker in einer Schüssel mit einem Rührgerät kurz verrühren. Die flüssige Butter unter ständigem Rühren unterrühren. Danach die Zartbitterschokolade und zum Schluss das Mehl nach und nach unterrühren.
5. Die Brownie-Form mit reichlich Butter einfetten. Die klein gehackten Haselnüsse in die Form streuen und die Form schwenken, sodass die klein gehackten Haselnüsse überall an der Butter haften.
6. Die Toffees in kleine Stücke schneiden. Den Teig in die Form füllen, dabei kleine Toffeestücke auf dem Teig verteilen und leicht andrücken.
7. Die Brownies für ca. 20–22 Minuten backen.
8. In der Form abkühlen lassen. Die Zartbitterschokolade über dem Wasserbad schmelzen, über die Brownies gießen und verstreichen. Abkühlen lassen.
9. In der Form in kleine Stücke schneiden. Wer mag, kann die Brownies mit Cookie-Eis und klein geschnittenen Erdbeeren servieren.

♡ *In einer Frischhaltedose lassen sich die Brownies gut feucht halten. Im Sommer stelle ich sie gerne in den Kühlschrank und serviere sie gut gekühlt zu einem Iced Latte. Unfassbar gut.*

# ERDBEER-KÜCHLEIN

*Endlich ist wieder Erdbeerzeit! Wie ich mich immer darauf freue! Diese fruchtigen und saftigen Erdbeerküchlein sind perfekt, um die Erdbeersaison hochleben zu lassen, und auch schnell zu machen, wenn sich spontan Gäste anmelden. Für die erste Gartenparty sind sie ein Hingucker, und wenn am Nachmittag die Sonne im Garten auf den kleinen Holztisch fällt, nehme ich mir ein Küchlein und genieße die kleine Kaffeepause. Einfach herrlich.*

Für 12–14 Mini-Küchlein

*Was ihr dafür benötigt:*
12–14 Mini-Kuchen-Förmchen oder alternativ Cupcake-Form (dann Backzeit anpassen)
Spritzbeutel

*Für die Küchlein:*
2 Eier
120 g feiner Rohrohrzucker
1 Pck. Bourbon-Vanillezucker
1 EL Zitronensaft
100 g blanchierte gemahlene Mandeln
125 ml gesüßter Mandeldrink
250 g Quark (Magerstufe)
190 g Dinkelmehl (Type 630)
½ Pck. Backpulver
Butter zum Einfetten der Förmchen

*Für die Creme:*
200 g Erdbeeren
1 Pck. Bourbon-Vanillezucker
50 g feiner Rohrohrzucker
250 g Quark
250 g Mascarpone
200 g sahniger Frischkäse
2 gehäufte EL Lemon Curd

*Für die Toppings:*
Erdbeeren

1. Den Backofen 175 °C Ober-/Unterhitze vorheizen.
2. Die Eier mit dem Zucker in einer Rührschüssel schaumig rühren und danach den Vanillezucker einrühren. Während des Rührens den Zitronensaft und danach die Mandeln und den Mandeldrink hinzugeben und weiterrühren. Jetzt den Quark hinzugeben und vermischen. Zum Schluss das Mehl mit dem Backpulver vermengen und hinzugeben. Alles gut miteinander verrühren.
3. Die Förmchen einfetten und mit dem Teig befüllen. Für ca. 30–35 Minuten fertig backen.
4. Aus der Form stürzen und auf einem Kuchengitter vollständig abkühlen lassen.
5. Für die Creme die Erdbeeren putzen und zusammen mit dem Vanillezucker und dem Rohrzucker in einem hohen Gefäß mit einem Stabmixer klein mixen.
6. Quark, Mascarpone, Frischkäse und Lemon Curd in einer kleinen Rührschüssel mit einem Rührgerät vermischen und dann das Erdbeerpüree ebenfalls einrühren. In einen Spritzbeutel mit kleiner Öffnung füllen und die Creme schlangenförmig auf die Küchlein auftragen. Mit Erdbeerscheiben und/oder Erdbeerhälften dekorieren.

♡ *Wenn von der Creme noch etwas übrig ist, könnt ihr den Rest ganz einfach als Nachtisch servieren. So köstlich! Sie hält sich 1–2 Tage im Kühlschrank.*

# VANILLE-WAFFELN MIT ERDBEEREN

*Waffeln und Erdbeeren passen ganz wunderbar zusammen, und die Waffeln sind auch eine schöne Alternative zum Kuchen für den Nachmittagskaffee. Aber auch als Frühstück so lecker! Die Vanillenote gibt dem Rezept etwas besonders Feines; mit den Toppings ist es ein Genuss und für jeden Waffelfan genau das Richtige.*

Ergibt ca. 12 belgische Waffeln

*Was ihr dafür benötigt:*
belgisches Waffeleisen

*Für den Waffelteig:*
2 Eier
150 ml Milch
100 ml Sahne
100 ml + 2 EL Wasser mit Kohlensäure
3 EL Rohrohrzucker
300 g Dinkelmehl (Type 630)
1 Vanilleschote
geschmacksneutrales Öl zum Ausbacken

*Für die Toppings:*
200 g Sahne
1 ½ EL Rohrohrzucker
etwas Zitronenabrieb
Erdbeeren
Puderzucker
Minze
weiße Schokolade

1. Eier, Milch, Sahne, 100 ml Wasser mit Kohlensäure, Rohrohrzucker und Dinkelmehl in eine Schüssel geben und mit einem Schneebesen zu einem glatten Teig verrühren.
2. Das Mark der Vanilleschote herauskratzen und zum Teig geben. Die 2 EL Wasser mit Kohlensäure ebenfalls zum Teig geben. Mit dem Schneebesen alles gut miteinander verrühren und den Teig kurz zur Seite stellen.
3. Die Sahne mit dem Rohrohrzucker und dem Zitronenabrieb steif schlagen.
4. Die Erdbeeren waschen, putzen und klein schneiden.
5. Das Waffeleisen mit Öl bepinseln. Den Waffelteig noch einmal umrühren und dann die Waffeln in einem belgischen Waffeleisen knusprig ausbacken.
6. Die Waffeln mit Puderzucker bestäuben. Darauf Sahne, Erdbeeren und Minze geben und etwas weiße Schokolade darüberraspeln.

♡ *Ihr könnt den Waffelteig locker bis zum nächsten Tag abgedeckt im Kühlschrank aufbewahren und dann einfach nochmal gut durchrühren, bevor ihr die Waffeln ausbackt. Über Nacht intensiviert sich auch der Vanillegeschmack noch und fürs Wochenende ist das super zum Frühstück.*

VANILLE
WAFFELN

# VEGANE HAFERFLOCKEN-SCHOKO-PANCAKES

VEGAN

*Durch die Haferflocken haben die Pancakes eine schöne Cremigkeit im Inneren und sind außen schön knusprig ausgebacken. Die angerösteten Mandeln und Puderzucker on top passen super dazu und sind ein schöner Start in ein gemütliches Wochenende. Die Zartbitter-Tröpfchen sind dann noch das i-Tüpfelchen.*

Ergibt ca. 10 Pancakes

*Für die Pancakes:*
70 g zartblättrige Haferflocken
300 ml gesüßter Mandeldrink
1 EL Rohrohrzucker
120 g Dinkelmehl (Type 630)
1 ½ TL Backpulver
ca. 70 g Zartbitter-Schoko-Tröpfchen
geschmacksneutrales Pflanzenöl zum Ausbacken (z. B. Rapsöl)

*Für die Toppings:*
Mandelblättchen
Puderzucker
Ahornsirup

1. Die Haferflocken mit 200 ml Mandeldrink und dem Rohrohrzucker in eine Schüssel geben, vermengen und ca. 5 Minuten durchziehen lassen.
2. Das Mehl mit dem Backpulver vermischen und mit den restlichen 100 ml Mandeldrink hinzugeben. Mit einem Rührbesen vermengen und zum Schluss die Schoko-Tröpfchen unterheben.
3. Pflanzenöl in eine Pfanne geben und jeweils 2–3 EL Teig in Klecksen hinzufügen und zu Pancakes ausbacken. In eine Pfanne passen ca. 3 Pancakes. Fertige Pancakes im Ofen bei 50 °C Ober-/Unterhitze warmhalten.
4. Parallel dazu in einer kleinen Pfanne die Mandelblättchen etwas anbräunen/anrösten.
5. Die Pancakes auf die Teller geben. Mit den Mandelblättchen bestreuen und mit Puderzucker bestäuben. Zum Schluss etwas Ahornsirup darübergeben.

♡ *Dieses Rezept könnt ihr auch easy in eurem Camping-/Van-Urlaub zubereiten, denn man braucht dazu keine Zutaten, die extra gekühlt werden müssen. Auch könnt ihr das Rezept super im Sommer zubereiten und dann mit allerlei Beeren toppen.*

# GRIEẞ-TOPFEN-GUGEL

*Diese Gugel sind superfluffig und die meisten Zutaten hat man immer zu Hause. Sie passen zum Nachmittagskaffee und sind ein tolles Rezept, wenn sich spontan Besuch ankündigt. Auch die Größe ist perfekt für eine kleine Nascherei am Nachmittag.*

Ergibt 9 Gugel

*Was ihr dafür benötigt:*
Mini-Gugel-Form (9 Vertiefungen, jeweils ca. 6,5 cm oben, 4,5 cm unten, 3 cm hoch)

*Für die Grieß-Gugel:*
50 g Butter + Butter zum Fetten der Förmchen
2 Eier (zimmerwarm)
120 g brauner Rohrzucker
1 EL Vanillepaste
3 leicht gehäufte EL Topfen/Quark (zimmerwarm)
30 g Weichweizen-Grieß
100 ml Milch (zimmerwarm)
etwas Zitronenabrieb
1 Prise Salz
150 g Dinkelmehl (Type 630)
½ Pck. Backpulver

*Für die Toppings:*
Puderzucker

1. Den Backofen auf 175 °C Ober-/Unterhitze vorheizen.
2. Die Butter in einer kleinen Pfanne oder einem kleinen Topf zum Schmelzen bringen. Die Eier trennen.
3. Die Eigelbe mit dem Zucker, der Vanillepaste und dem Quark in einer Rührschüssel mit einem Rührgerät schaumig schlagen. Die Butter unter ständigem Rühren unterrühren. Danach den Grieß und die Milch und anschließend den Zitronenabrieb und das Salz unterrühren. Das Mehl mit dem Backpulver vermengen und einrühren. In einem Rührbecher oder einer kleinen Rührschüssel den Eischnee steif schlagen und vorsichtig unter den Teig heben.
4. Die Gugelhupfformen mit der Butter einfetten und mit dem Teig befüllen. In ca. 12–15 Minuten fertig backen.
5. Aus der Form auf ein Kuchengitter stürzen. Abkühlen lassen und mit Puderzucker bestäuben.

♡ *Wer mag, kann auch noch etwas Erdbeeren und Schlagsahne dazu servieren. Auch weiße Schokolade als Glasur würde super passen, und wer Rhabarber mag, kann auch ein Rhabarberkompott dazu reichen. Die Gugel sind auch super, um sie auf einen Ausflug mitzunehmen.*

# Ostern

# RÜBLI-CUPCAKES MIT KARAMELLHASEN

*Etwas mit Rübli (Karotten) muss an Ostern sein und ist bei uns schon eine Tradition. Es gibt bei uns vor allem in den Bäckereien immer zur Osterzeit die Karamellhasen und manchmal auch Lämmer. Die Kombination der Rübli zusammen mit dem Karamell ist unschlagbar.*

Für 24–30 Mini Cupcakes

*Was ihr dafür benötigt:*
3 Mini-Springformen (11 cm Durchmesser, 4,5 cm Höhe)

*Für die Cupcakes:*
220 g Karotten
2 Eier
150 g feiner Rohrohrzucker
1 Pck. Bourbon-Vanillezucker
75 g Butter + Butter zum Einfetten der Form
Orangenabrieb einer Bio-Orange (ca. 1 TL)
Saft von ½ Orange
125 ml Milch
100 g blanchierte gemahlene Mandeln
200 g Dinkelmehl (Type 630)
¾ Pck. Backpulver

*Für die Creme:*
400 g sahniger Frischkäse
2 Pck. Bourbon-Vanillezucker
4 EL Sahne
2 EL feiner Rohrohrzucker

*Für das Karamell-Topping:*
12 Sahne-Toffees
2 EL Sahne

*Für die Toppings:*
1 Packung Karamellhasen/Lämmer (optional)

1. Den Backofen auf 175 °C Ober-/Unterhitze vorheizen.
2. Die Karotten schälen und fein reiben (nicht zu fein, sonst wird es zu matschig).
3. Die Eier mit dem Zucker und dem Vanillezucker in einer Schüssel mit einem Rührgerät oder in der Küchenmaschine schaumig rühren. Die Butter in kleinen Stücken hinzugeben und weiterrühren. Den Orangenabrieb und den Orangensaft hinzugeben und kurz verrühren. Nun noch die Milch und die Mandeln hinzugeben und erneut verrühren. Das Mehl mit dem Backpulver vermengen und ebenfalls hinzugeben. Nun alles gut miteinander verrühren.
4. Die Form einfetten und den Teig einfüllen. In ca. 23 Minuten fertig backen.
5. Wenn die Cupcakes aus dem Ofen kommen, eventuell mit einem Messer einmal um den Cupcake fahren, falls er sich nicht schon so löst. Dann kopfüber auf ein Kuchengitter geben. Ein nasses Geschirrhandtuch on top legen und so für einige Minuten ruhen lassen. Dann lösen sich die Cupcakes easy aus der Form. Die Cupcakes vollständig abkühlen lassen. Solltet ihr noch Teig übrig haben (je nach Formgröße) den restlichen Teig in die wieder leere Cupcakeform füllen und backen.
6. Alle Zutaten für die Creme in einer kleinen Rührschüssel kurz cremig mixen.
7. Die Sahne-Toffees zusammen mit der Sahne in einen kleinen Topf geben und unter ständigem Rühren miteinander vermischen. Nur kurz leicht aufkochen lassen (nicht zu heiß werden lassen), dann zur Seite stellen und nicht zu lange mit dem Verzieren warten, sonst wird das Karamell zu fest und ihr müsst es noch einmal kurz erwärmen.
8. Die Creme in einen Spritzbeutel ohne Tülle geben und die Creme auf die Cupcakes spritzen. Einen Klecks Karamell on top geben. Auf den ein oder anderen Cupcake einen Karamellhasen oder ein Lamm setzen, so lange das Karamell noch flüssig ist – so bleiben die Toppings daran kleben und halten.

♡ *Ihr könnt auch das Karamell weglassen und nur die Creme auf die Cupcakes geben und diese dann mit einer schönen Spritztülle dekorieren. Die Cupcakes schmecken auch noch am nächsten Tag super. Ich habe übrigens sowohl Mini-Cupcakes als auch größere Cupcakes gebacken. Die Backzeit für die größeren Cupcakes ist ca. 9 Minuten länger.*

# OSTER-TORTE

*Die Torte ist allein schon optisch ein Hingucker und macht sich auf dem Ostertisch ganz wunderbar. Auch wenn ihr zum Nachmittagskaffee Gäste dahabt, ist sie das Highlight. Dazu ein paar Ostereier, Osterglocken und eine farblich passende Kerze und schon habt ihr ein wunderschönes Setting.*

*Was ihr dafür benötigt:*
Backform (19,5 cm Durchmesser, ca. 7,5 cm hoch)
Tortenbodenteiler oder Draht
Streichpalette
Spritzbeutel
Tortenplatte

*Für die Böden:*
75 ml Zitronensaft
Zitronenabrieb von ¼ Bio-Zitrone
2 Pck. Bourbon-Vanillezucker
3 Eier
200 g feiner Rohrohrzucker
75 g Butter + Butter zum Einfetten der Form
150 ml Milch
100 g blanchierte gemahlene Mandeln
250 g Dinkelmehl (Type 630)
½ Pck. Backpulver
100 g weiße Schokolade
gemahlene Mandeln

*Für die Creme:*
4 EL feiner Rohrohrzucker
250 g Mascarpone
500 g Magerquark
2 EL Sahne
1 Pck. Tonka-Zucker

*Für die Toppings:*
ca. 8 Vanillemandeln
4–5 Marzipan-Ostereier

1. Den Zitronensaft, den Zitronenabrieb und den Vanillezucker in einen kleinen Topf geben. Kurz aufkochen lassen und immer wieder umrühren. Dann bei niedriger Hitze für ca. 5 Minuten ziehen lassen und zur Seite stellen.
2. Den Backofen auf 175 °C Ober-/Unterhitze vorheizen.
3. Die Eier mit dem Zucker in eine Rührschüssel geben und mit einem Rührgerät kurz schaumig rühren. Die Butter in Stückchen hinzugeben und weiterrühren. Nun den leicht abgekühlten Zitronenmix unter ständigem Rühren hinzugeben. Danach die Milch und die Mandeln einrühren. Jetzt noch das Mehl mit dem Backpulver vermischen und ebenfalls einrühren, bis ein cremiger Teig entsteht. Zum Schluss nur noch die weiße Schokolade grob zerkleinern und unter den Teig heben.
4. Die Backform mit reichlich Butter einfetten. Etwas gemahlene Mandeln hinzugeben und einmal die Form schütteln, sodass die Mandeln überall an der Butter kleben. Danach noch den Teig eingießen. Für ca. 60 Minuten fertig backen. Sollte der Boden zu früh dunkel werden, für den Rest der Backzeit etwas Backpapier auf die Form legen.
5. Die Form aus dem Backofen holen und einmal rundum mit dem Messer gehen, um so den Kuchen schon leicht von der Form zu lösen. Dann kopfüber auf ein Kuchengitter geben. Solltet ihr merken, dass sich der Kuchen nicht löst, dann ein nasses Geschirrhandtuch darüberlegen und ca. 5–10 Minuten warten. Dann löst sich der Kuchen easy aus der Form.
6. Den Kuchen vollständig abkühlen lassen und mithilfe eines Tortenbodenteilers oder Drahtes quer in zwei Hälften teilen. Der untere Teil der Torte darf auch gern etwas dünner sein.
7. Die Zutaten für die Creme in eine Rührschüssel geben und mit einem Rührgerät cremig mixen.
8. Den ersten Boden auf eine Tortenplatte geben und ca. ein Drittel der Creme in einen Spritzbeutel ohne Tülle geben, auf den Boden auftragen und mit der Streichpalette glatt streichen. Den zweiten Boden daraufsetzen und mit ca. 80 % der übrigen Creme den Kuchen einstreichen. Die jetzt noch übrige Creme in den Spritzbeutel geben und damit ca. 8 Kleckse auf den Tortenrand und einen Klecks in die Mitte spritzen. Reihum die Vanillemandeln auf die Kleckse und in die Mitte 2 Marzipan-Ostereier setzen. Dann noch 2–3 Marzipan-Ostereier zerkleinern und auf der Torte verteilen.

♡ *Die Torte hält sich unter einer Tortenhaube an einem kühlen Ort auf jeden Fall bis zum nächsten Tag frisch und ist auch noch am dritten Tag gut.*

# GEMÜSE-RÖSTI MIT FRÜHLINGSQUARK

*Eines meiner Lieblingsrezepte und so köstlich! Die Mini-Mozzarella-Kugeln erinnern mich ein bisschen an Ostereier und können natürlich auch noch nach Ostern genossen werden. Unfassbar gut und auch super zur Resteverwertung.*

Für ca. 6 Mini-Röstis

*Für den Frühlingsquark:*
250 g Quark (Halbfettstufe)
150 g griechischer Joghurt
(Zitronen-Chili-)Salz
Gemüsegewürz (z. B. Meersalz, Pfeffer schwarz, Knoblauch, Petersilie)
Pfeffer
etwas Honig
ca. 2 EL klein geschnittener Schnittlauch

*Für die Röstis:*
1 Frühlingszwiebel
3–4 mittelgroße Kartoffeln
2 Karotten
Pfeffer
(Zitronen-Chili-)Salz
geschmacksneutrales Pflanzenöl zum Ausbacken

*Für die Toppings:*
2–3 Radieschen
Schnittlauch
Kresse
250 g Mini-Mozzarella-Kugeln
Pfeffer
(Zitronen-Chili-)Salz

1. Den Quark mit dem griechischen Joghurt in eine kleine Schüssel geben und dazu die Gewürze, den Honig und etwas klein geschnittenen Schnittlauch. Alles gut miteinander vermengen. Das geht auch mit einem kleinen Schneebesen. Zur Seite stellen.
2. Die Frühlingszwiebel waschen und in dünne Streifen schneiden. Die Kartoffeln und die Karotten schälen und aus beiden mit z. B. einem Gemüsehobel kleine Stifte hobeln. Alles in eine Schüssel geben. Würzen und vermengen.
3. In eine Pfanne reichlich Pflanzenöl geben und kleine Häufchen Teig in das heiße Fett geben. Kurz von der einen Seite kross anbraten, dann wenden und die Temperatur herunterdrehen. Etwas andrücken und für ca. 3–5 Minuten ausbacken, bis beide Seiten kross und die Kartoffeln gar sind.
4. Nebenbei die Radieschen waschen, putzen und mit einem Gemüsehobel dünn hobeln. Etwas Schnittlauch waschen und klein schneiden. Die Kresse waschen.
5. Die fertigen Gemüse-Küchlein auf die Teller geben. Mit dem Frühlingsquark toppen. Darauf die Radieschen, die Mozzarella-Kugeln, den Schnittlauch und die Kresse geben. Etwas pfeffern und etwas (Zitronen-Chili-)Salz auf die Mozzarella-Kugeln geben.

♡ *Wer mag, kann den Quark wie auf dem Foto auf einem kleinen Teller anrichten. Die Toppings dann ebenfalls auf den Tisch stellen und die ausgebackenen Gemüseküchlein immer frisch aus der Pfanne servieren. So kann jeder seinen Gemüsepuffer selbst belegen. Falls ihr noch Quark übrig habt, hält dieser für einige Tage frisch und kann auch als Brotaufstrich verwendet werden.*

*Die Gemüse-Rösti sind vegan. Für die Toppings gibt es mittlerweile auch schon einige pflanzliche Alternativen, die ihr einfach austauschen könnt, und schon habt ihr ein veganes Rezept.*

# Osterbrunch

*Ein schön gedeckter Frühstückstisch an Ostern mit einem langen und ausgedehnten Frühstück ist einfach etwas Tolles. Die Kerzen machen ein gemütliches Licht, es riecht nach frisch zubereitetem Kaffee und man freut sich schon so auf die Ostereiersuche. Eine Kombination aus salzig und süß gehört für mich zu einem Osterbrunch, und neben dem klassischen Rüblikuchen darf es auch gerne mal etwas Neues sein, wie dieses leckere Röstbrot, und ein Nachtisch im Glas.*

# RÖSTBROT MIT SENF-HONIG-AUFSTRICH

Für 3–4 Röstbrote (Falls ihr den Brunch für mehr Personen zubereitet, ist das Rezept leicht anpassbar.)

*Für den Aufstrich:*
200 g sahniger Frischkäse
etwas Zitronensaft
Pfeffer
(Zitronen-Chili-)Salz
1 TL Dijon-Senf
1 ½ TL Honig
1 EL klein geschnittener Dill

*Für das Röstbrot:*
3–4 Karotten
etwas Olivenöl
etwas Zitronensaft
Pfeffer
Salz
3–4 Scheiben Brot (nach Wahl, gerne mit Nüssen)

*Für die Toppings:*
1 Frühlingszwiebel
2 Radieschen
Pinienkerne
Dill
Pfeffer
essbare Blüten, z. B. Gänseblümchen (optional)

1. Alle Zutaten für den Aufstrich in eine Schüssel geben und mit einem Schneebesen oder einer Gabel vermengen.
2. Die Frühlingszwiebel für die Toppings in dünne Ringe schneiden und die Radieschen mit einem Gemüsehobel in dünne Streifen hobeln.
3. Die Karotten für das Röstbrot schälen und mit einem Sparschäler in dünne Karottenstreifen schälen. In einer Pfanne die Karotten in Olivenöl von beiden Seiten anschwitzen, mit Zitronensaft beträufeln, mit Pfeffer und Salz würzen.
4. Das Brot parallel dazu in einer Pfanne in wenig Olivenöl von beiden Seiten kurz anrösten, damit es leicht knusprig wird.
5. Zuerst die Creme auf die Röstbrote geben, darauf die Karottenstreifen. Mit Radieschenscheiben, Frühlingszwiebeln und etwas Dill toppen. Pfeffern und, falls gewünscht, mit essbaren Blüten dekorieren.

*Optional passt noch etwas Avocado dazu. Diese dann mit etwas Zitronensaft beträufeln, anschließend pfeffern und salzen. Etwas Kresse on top passt super dazu.*

*Das Röstbrot ist superschnell in vegan zubereitet. Einfach einen veganen Frischkäseersatz verwenden und den Honig durch vegane Honigalternativen, z. B. Ahornsirup, ersetzen.*

# APRIKOSEN-JOGHURT-DESSERT IM GLAS

Ergibt 5–6 Gläser je nach Größe

*Für den Boden:*
60 g Butterkekse
100 g Butter
2 gehäufte TL Aprikosenmarmelade

*Für die Creme:*
250 g Quark (Halbfettstufe)
150 g griechischer Joghurt
100 g sahniger Frischkäse
2 EL Aprikosenmarmelade
1 ½ EL Rohrohrzucker

*Für die Toppings:*
Ostereier, z. B. Marzipan-Ostereier
getrocknete Blüten

1. Die Kekse in einen Beutel oder ein Küchentuch geben und mit einem Wellholz fein klopfen. Die Butter in einer kleinen Pfanne oder einem kleinen Topf zum Schmelzen bringen und mit den Keksen vermengen. Jeweils ca. 1½ EL von dem Keksboden in die Gläser geben und am Boden festdrücken. Mit etwas Marmelade bestreichen.
2. Alle Zutaten für die Creme in einer kleinen Rührschüssel mit einem Rührgerät cremig mixen. Mit einem Löffel oder mit Hilfe eines Spritzbeutels die Creme auf den Keksböden verteilen. In den Kühlschrank stellen.
3. Vor dem Servieren mit jeweils einem Osterei und getrockneten Blüten dekorieren.

♡ *Das Dessert im Glas kann man supergut vorbereiten und es zieht dann über Nacht im Kühlschrank durch. Kurz vor dem Anrichten das Marzipan-Ei on top geben.*

# FRÜHJAHRS-CAFÉ

Ich bin von Herzen Gastgeberin und hatte immer den Traum, ein eigenes Café aufzumachen. Als ich einmal zu Besuch in einem saisonalen Gartencafé war, hatte ich Lust, das für meine Freunde und Familie auch zu gestalten und im Nu waren die Einladungen draußen. Bei mir im Outdoor Studio (es geht natürlich auch drinnen!) stellte ich den alten Metalltisch in die Mitte, von wo aus man herrlich in die weite Natur schauen kann und auf den vor allem das Abendlicht so wunderschön scheint. Drumherum sind schnell Stühle gestellt und je nach Zahl der Gäste für 2–6 Personen gedeckt. Blumen aus dem Garten, Lampions, die über dem Tisch hängen, schöne Kerzen im Glas und das detailverliebte Geschirr machen es zu einer hübschen Tafel, von der man gar nicht mehr wegwill. Im Frühjahr kamen Erdbeeren, Rhabarber und Holunder als saisonale Highlights zum Einsatz.

Probiert das doch auch mal aus: Stellt einen Tisch in euren Garten oder an einen Ort in eurer Wohnung, wo ihr sonst nicht sitzen würdet, und gestaltet ein kleines Café-Zusammensein, ladet Freunde oder/und Familie ein. So eine Freude, und man zehrt noch lange von dem wunderschönen Beisammensein. Als Gastgeberin macht es mich so glücklich, wenn ich sehe, wie meine Gäste genussvoll alles probieren, und das fröhliche Gelächter von weitem zu hören ist. Solche „Marmeladenglasmomente“ sind super kostbar und ein schönes kulinarisches Ereignis, das ich euch sehr ans Herz legen kann. Wenn dann noch nach einem zweiten Törtchen verlangt wird und ich nach dem Rezept gefragt werde, hüpft mein Herz vor Glück.

# TÖRTCHEN MIT ERDBEEREN UND WEIßER SCHOKOLADE

*Diese Törtchen passen perfekt auf die Kaffeetafeln und sind der Hingucker. Die zitronige Note in den Böden macht sie herrlich erfrischend. Auch ein tolles Rezept, wenn jemand Geburtstag hat, oder als süßes Dessert bei einer Gartenparty. Während die Abendsonne auf den Kaffeetisch fiel, haben wir die Törtchen in vollen Zügen genossen, und dazu verströmte der Holunderbusch seinen lieblichen Duft.*

Für ca. 7–8 Törtchen

*Was ihr dafür benötigt:*
quadratische Browniefom (24 × 24 cm, 5 cm hoch)
Törtchenring (6 cm Durchmesser)

*Für den Teig:*
ca. 80 ml Zitronensaft
etwas Zitronenschale
1 Pck. Bourbon-Vanillezucker
2 EL + 200 g Rohrohrzucker
2 Eier
75 g Butter
100 g blanchierte gemahlene Mandeln
125 ml Milch
150 g Dinkelmehl (Type 630)
½ Pck. Backpulver
50 g weiße Schokolade

*Für die Creme:*
250 g Quark
200 g Frischkäse
125 g Mascarpone
2 Pck. Bourbon-Vanillezucker
5 EL Rohrohrzucker

*Für die Füllung:*
3–4 Erdbeeren

*Für die Toppings:*
4–5 Erdbeeren
etwas weiße Schokolade

1. Zitronensaft, Zitronenschale, Vanillezucker und 2 EL Rohrohrzucker in einen kleinen Topf geben und erhitzen. Bei mittlerer Temperatur den Zucker auflösen und zur Seite stellen.
2. Den Backofen auf 175 °C Ober-/Unterhitze vorheizen.
3. Die Eier mit 200 g Zucker in einer Rührschüssel mit einem Rührgerät kurz schaumig rühren. Die Butter in Stücken einrühren. Den Zitronenmix unter ständigem Rühren einrühren. Danach die Mandeln und die Milch hinzufügen. Jetzt noch das Mehl mit dem Backpulver mischen und alles zu einem homogenen Teig mixen. Zum Schluss die Schokolade klein hacken, hinzugeben und kurz verrühren.
4. Die Brownieform etwas nass machen und mit Backpapier auslegen. Den Teig einfüllen und für ca. 25 Minuten im Ofen goldbraun backen.
5. Die Brownieform aus dem Ofen holen und kurz abkühlen lassen. Den Boden aus der Brownieform holen und auf einem Kuchengitter abkühlen lassen.
6. Alle Zutaten für die Creme in einer Rührschüssel cremig mixen.
7. Die Erdbeeren für die Füllung in Scheiben schneiden und die für die Toppings halbieren.
8. Mit einem Törtchenring Kreise (6 cm Durchmesser) ausstechen und jeweils quer halbieren.
9. Die Creme in einen Spritzbeutel geben. Etwas von der Creme auf den ersten Boden geben und darauf 1–2 Scheiben Erdbeeren. Den zweiten Boden daraufsetzen. Dann noch etwas Creme on top und mit einer Erdbeerhälfte dekorieren. Weiße Schokolade darüberraspeln. So auch mit den anderen Törtchen vorgehen.

♡ *Falls ihr noch Törtchen übrig habt, lassen sich diese ganz einfach über Nacht im Kühlschrank frisch halten. Die Ränder, die beim Ausstechen der Böden entstehen, habe ich mit Puderzucker bestäubt und zum Kaffee als kleine Nascherei gegessen.*

spring

# ERDBEER-RHABARBER-LIMONADE MIT VANILLE

VEGAN

*Bei einem Frühjahrs-Café im Freien darf neben dem Kaffee auch ein erfrischendes Getränk nicht fehlen, wie diese saisonal inspirierte und mit Vanille verfeinerte Erdbeer-Rhabarber-Limonade. Die Limo hat eine schöne Balance zwischen fruchtig, süß und leichter Säure sowie eine feine unterschwellige Vanillenote.*

Für 3 Gläser

*Für die Limo:*
300 g Erdbeeren
2 Zitronenscheiben
etwas Zitronenschale am Stück
2 Pck. Bourbon-Vanillezucker
2 EL Vanillepaste
1 EL Zitronensaft
100 ml Wasser
1 EL Rohrohrzucker

*Zum Servieren:*
Eiswürfel
1 l Rhabarbernektar
3 Erdbeerhälften

1. Die Erdbeeren vierteln und zusammen mit den Zitronenscheiben, der Zitronenschale, 1 Pck. Vanillezucker, 1 EL Vanillepaste, dem Zitronensaft, dem Wasser und dem Rohrohrzucker in einen Topf geben und kurz erhitzen. Die Zitronenscheiben aus dem Topf nehmen. Für 2–3 Minuten die Erdbeeren auf niedriger Temperatur darin ziehen lassen. Die Zitronenschale entfernen und die Masse fein pürieren.
2. Den Erdbeermix durch ein Sieb passieren.
3. In eine Flasche zuerst 1 Pck. Vanillezucker und 1 EL Vanillepaste geben und darauf den noch warmen Erdbeermix. Dann die Flasche verschließen und gut schütteln. So vermischt sich alles. Bis zur Benutzung in den Kühlschrank stellen.
4. Zum Servieren zuerst die Eiswürfel in die Gläser geben, jeweils ca. ein Drittel des Glases mit Erdbeermix füllen und danach mit Rhabarbernektar auffüllen. Etwas verrühren. Mit je einer Erdbeerhälfte dekorieren.

♡ *Ich empfehle euch, Rhabarbernektar zu verwenden, denn dieser hat einen intensiveren Geschmack als Rhabarbersaft. Die Glasstrohhalme sind nicht nur superpraktisch, sondern sehen auch noch wunderschön aus und passen herrlich zu dem Café-Setting.*

# HOLUNDER-PANNACOTTA

*Ich liebe Pannacotta, und als ich an einem blühenden Holunderbusch vorbeigelaufen bin, wurde mir klar, dass ich für die Kaffeetafel einen leichten Nachtisch servieren möchte, der harmonisch zu den Erdbeertörtchen und der Limonade passt. Ein leichtes Dessert, von dem man gar nicht genug bekommen kann, und das den Wunsch weckt, die Holundersaison möge noch ganz lange andauern.*

Für ca. 5 Mini-Pannacottas (je nach Größe der Gläser)

*Für die Pannacotta:*
4 Holunderblüten
100 ml Milch
300 g Sahne
½ EL Vanillepaste
2 gehäufte EL feiner Rohrohrzucker
1 Beutel Bio-Agartine (Agar-Agar) à 15 g

*Für die Toppings:*
Holunderblütensirup
Holunderblüten

1. Die frisch geernteten Holunderblüten nur etwas abschütteln (nicht waschen und nur geöffnete Blüten verwenden, sonst wird es bitter). In einen Topf die Milch, die Sahne, die Vanillepaste, den Rohrohrzucker und die offenen Holunderblüten geben. Kurz aufkochen lassen, dann vom Herd nehmen und 1 Stunde zugedeckt ziehen lassen.
2. Agar-Agar nach Packungsanleitung zubereiten. (Bei mir musste man den Beutelinhalt mit 100 ml Wasser aufkochen.)
3. Die Holundersahne durch ein Sieb in einen Topf abgießen und dann erneut kurz erwärmen.
4. Nun das aufgelöste Agar-Agar zügig mit der Holundersahne vermengen und direkt in die kleinen Einmachgläser gießen. Abgedeckt im Kühlschrank kalt werden lassen, am besten über Nacht. (Bei mir war die Pannacotta aber schon nach 3 Stunden servierbereit.)
5. Kurz vor dem Servieren etwas Holunderblütensirup auf die Pannacotta geben und Holunderblüten als Deko (diese aber vor dem Verzehr herunternehmen).

♡ *Die Pannacotta lässt sich easy am Abend vorbereiten und hält sich abgedeckt über Nacht im Kühlschrank frisch. Hier würden auch noch frische Erdbeeren on top passen, falls ihr die Pannacotta als Dessert nach einem Hauptgang serviert.*

# Pasta Friday

# GEFÜLLTE RICOTTA-PASTA MIT GRÜNEM SPARGEL

*Gefüllte Nudeln sind einfach selbst gemacht und so unfassbar lecker, dass ihr etwas verpasst, wenn ihr dieses Rezept nicht ausprobiert. Nur etwas zerlassene Butter und Pinienkerne würden als Beilage auch schon reichen. Ihr könnt sie ganz leicht einfrieren. Wenn ihr Reste vom Nudelteig übrig habt, könnt ihr sie in dünne Streifen schneiden und kurz im Wasser ziehen lassen – so habt ihr zusätzlich noch ein paar Bandnudeln.*

Für 6 Portionen

*Für die gefüllte Pasta:*
3 kleine Frühlingszwiebeln
Olivenöl
Pfeffer
rosa Kristallsalz
1 TL Honig
250 g Ricotta
200 g sahniger Frischkäse
2 EL Sahne
etwas Zitronenabrieb
(Zitronen-Chili-)Salz
500 g Nudelteig aus dem Kühlregal

*Für die Sauce und die Toppings:*
1 kleines Bund grüner Spargel
Olivenöl
Pfeffer
rotes Kristallsalz
etwas Zitronenabrieb
ca. 50 g Butter (wenn ihr alle Nudeln auf einmal kocht, dann benötigt ihr etwas mehr)
1 kleine Schöpfkelle Pastawasser
Parmesan (oder als vegetarische Variante z. B. Montello)
Mandelblättchen
Radieschenkresse (optional)

♡ *Von 3–4 Nudeln plus Spargel waren wir schon supersatt und haben die anderen dann erst abends gekocht. Also lieber nur so viel Pasta kochen, wie man isst, und den Rest dann später frisch abkochen. Ihr könnt die Pasta auch einfrieren, aber ihr solltet sie davor kochen und abkühlen lassen. Beim Einfrieren darauf achten, dass sie nebeneinander liegen und nicht aufeinander.*

1. Die Frühlingszwiebeln in dünne Ringe schneiden, in Olivenöl andünsten und mit Pfeffer und Kristallsalz würzen. Dann den Honig dazugeben und zur Seite stellen.
2. Ricotta, sahnigen Frischkäse und Sahne in eine Schüssel geben. Etwas Zitronenabrieb dazugeben und mit Pfeffer und (Zitronen-Chili-)Salz würzen. Miteinander vermengen und die Frühlingszwiebeln unterheben.
3. Den Nudelteig ausrollen. Ein Stück davon abschneiden und auf ein bemehltes großes Holzbrett legen, dann geht es einfacher. Mit einem Glas kreisrunde Teiglinge ausstechen oder mit einem Messer einmal um das Glas fahren. Ihr könnt sonst auch Quadrate machen.
4. Einen Klecks Füllung auf die Mitte eines ausgestochenen/ausgeschnittenen Nudelteigs geben. Einen weiteren Kreis als Deckel daraufsetzen. Den Rand etwas nass machen und dann mit der Gabel reihum andrücken und somit verschließen. Jetzt könnt ihr auch die Füllung etwas flach drücken, sodass sie nicht nur mittig sitzt.
5. Am besten auf einmal den ganzen Nudelteig verarbeiten und die Nudeln unter einem Geschirrtuch bedeckt zur Seite stellen, bevor sie gekocht werden.
6. Den Spargel putzen, dabei die Enden entfernen. Dann großzügig nach der Spargelspitze abschneiden und den Rest des Stängels schräg in Stücke schneiden. Reichlich Olivenöl in eine große Pfanne geben und den Spargel darin kurz von beiden Seiten anbraten. Mit Pfeffer und Salz würzen und etwas Zitronenabrieb und Butter hinzugeben.
7. Das Pastawasser aufsetzen und, sobald das Wasser kocht, die Temperatur herunterdrehen und immer nur ein paar der gefüllten Nudeln hinzugeben. Das Wasser darf nicht mehr sprudeln. Sie sollen eher darin durchziehen. Das dauert nur wenige Minuten.
8. 1 kleine Schöpfkelle von dem Pastawasser zur Spargelsauce hinzugeben. Sollte es noch zu wenig Sauce sein, dann einfach mehr Butter und Pastawasser hinzufügen und nachwürzen.
9. Zuerst die Pasta in die Teller geben, den Spargel on top und etwas von der Sauce. Reichlich Parmesan darüberreiben und mit Mandelblättchen und Radieschenkresse (optional) toppen. Wer mag, kann zum Schluss noch frischen Pfeffer darübermahlen.

# SPARGEL-PASTA

*Dieses Rezept könnt ihr als warmes Pastagericht servieren oder als lauwarmen Spargel-Salat. Wenn ihr die Möglichkeit habt, dann kauft frische Orecchiette; die gibt es in dem ein oder anderen Supermarkt im Kühlregal zu finden oder auf dem Wochenmarkt. Die Artischocke passt perfekt zum Spargel und die zitronig-buttrige Sauce, die mit Thymian verfeinert ist, schmiegt sich um die Pasta und den Spargel. Ihr könnt selbst entscheiden, wie zitronig ihr die Sauce mögt.*

Für 2–3 Personen

*Für die Spargel-Pasta:*
1 kleines Bund Spargel
1 kleine gelbe Zwiebel
Meersalz
250 g Orecchiette Baresi
Olivenöl
etwas Zitronenabrieb und Zitronensaft
50 g Butter + eventuell mehr
etwas Honig (optional)
Pfeffer
(Zitronen-Chili-)Salz
1 kleines Glas in Öl eingelegte Artischocken mit Zitrone (180 g)
Pinienkerne
Parmesan (oder als vegetarische Variante z. B. Montello)
frischer oder getrockneter Thymian
Zitrone

1. Den grünen Spargel waschen und putzen; die Enden abschneiden. Die Spargelspitzen abschneiden und den Rest der Stängel schräg in kleinere Stücke schneiden.
2. Die gelbe Zwiebel schälen, halbieren und in dünne Streifen schneiden.
3. Pastawasser aufsetzen, salzen und zum Kochen bringen und die Pasta darin al dente kochen. Abgießen und das Pastawasser aufbewahren.
4. Die Zwiebel in reichlich Olivenöl kurz andünsten. Den Spargel, den Zitronenabrieb und den Zitronensaft hinzugeben und, falls nötig, nochmals etwas Olivenöl hinzugeben, sodass der Spargel leicht benetzt ist. Etwas anbraten. Die Butter hinzufügen und, sobald diese flüssig ist, 2 kleine Schöpfkellen Pastawasser hinzugeben. Wer mag, kann jetzt noch etwas Honig hinzugeben. Mit Pfeffer und (Zitronen-Chili-) Salz abschmecken. Auf niedriger Hitze ziehen lassen, bis der Spargel gar ist. Eventuell noch nachwürzen. Sollte zu wenig Flüssigkeit da sein, noch etwas Pastawasser und ein wenig Butter dazugeben. Die fertige Pasta zu dem Spargel geben und alles vermengen.
5. Wer das Gericht als Pastagericht servieren möchte, sollte jetzt die Artischocken dazugeben. Alles vermischen und auf Teller verteilen. Pinienkerne, Parmesan, etwas Öl von den eingelegten Artischocken, getrockneten oder frischen Thymian darüberstreuen, bei Bedarf nachwürzen und mit halbierten Zitronenscheiben servieren.

   Alternative:
   Wer das Gericht als Pasta-Salat serviert, sollte die Pasta mit dem Spargel mischen und auf einer Platte anrichten. Darauf die Artischockenherzen geben. Die Pinienkerne darüberstreuen, den Parmesan daraufhobeln und etwas von dem Artischockenöl darübergeben. Getrockneten oder frischen Thymian darüberstreuen, bei Bedarf nachwürzen und mit Zitronenscheiben servieren.

*Wer nicht alles auf einmal schafft oder sich noch etwas für später aufheben möchte, der kann das Ganze später in der Pfanne anrösten. So köstlich!*

*Für ein veganes Gericht vegane Butteralternativen und veganen Parmesan verwenden sowie etwas Rohrohrzucker statt Honig nehmen. Die Orecchiette sind eigentlich auch immer vegan.*

# PASTA MIT VEGANEM ERBSEN-MINZ-PESTO

VEGAN

*Dieses erfrischende Erbsen-Minz-Pesto ist perfekt für heiße Sommertage und kann auch kalt gegessen werden. Die Farbe des Pestos spiegelt die frischen Frühjahrswiesen wieder und ist im Nu gemacht. Es ist sowohl erfrischend als auch cremig und nussig und die Minznote passt super zu den Erbsen.*

Für 3–4 Portionen

*Für die Pasta:*
250 g Pasta (z. B. Radiatori)
Salz

*Für das Pesto:*
2 Schalotten
250 ml Olivenöl + etwas zum Anbraten
etwas Rohrohrzucker
200 g Gartenerbsen (TK, leicht angetaut)
ca. 75 g gesalzene geröstete Cashewkerne
3 EL Minze
ein paar Blätter frische Zitronenmelisse
Pfeffer
Chiliflockensalz
Salz
Saft von 1 großen Zitrone
etwas Zitronenabrieb

*Für die Toppings:*
gehackte gesalzene geröstete Cashewkerne
etwas Minze
Chiliflockensalz
vegane Crème fraîche

1. Das Pastawasser aufsetzen, leicht salzen und die Pasta darin al dente kochen.
2. Währenddessen die Schalotten in dünne Streifen/Ringe schneiden und in reichlich Olivenöl in einer Pfanne andünsten. Den Rohrohrzucker hinzugeben und karamellisieren lassen.
3. In einen hohen Mixbehälter Erbsen, Cashewkerne, Minze, Zitronenmelisse, Gewürze, 250 ml Olivenöl, Zitronensaft, etwas Zitronenabrieb und karamellisierte Schalotten hinzugeben und mit einem Stabmixer fein mixen. (Es dürfen aber auch ruhig noch ein paar gröbere Erbsenstücke für etwas Biss übrig sein.)
4. Die Pasta abgießen, das Pastawasser aufbewahren. 2 Schöpfkellen Pastawasser zum Pesto hinzugeben und weitermixen.
5. Die Pasta auf Teller verteilen. Darauf das Pesto geben und mit den klein gehackten Cashews toppen. Frische Minze darüberzupfen. Chiliflockensalz darübergeben und zum Schluss ein paar Kleckse von der veganen Crème fraîche. Die vegane Crème fraîche aber gerne dazu stellen, falls jemand davon Nachschlag möchte – ich spreche da aus Erfahrung.

*Achtet darauf, dass ihr ein hochwertiges mildes Olivenöl verwendet, da sonst das Pesto leicht bitter werden kann. Ihr könnt aber auch mehr von der veganen Crème fraîche untermischen, sollte euer Pesto doch mal eine leicht bittere Note haben. Auch könnt ihr, wenn ihr mögt, noch einen veganen Parmesanersatz darüberstreuen.*
*Das Pesto lässt sich in einem Schraubglas bis zum nächsten Tag frisch halten. Dann könnt ihr die Pasta mit dem Pesto in einer Pfanne erhitzen. Etwas Wasser hinzugeben, nachwürzen und dann etwas von der veganen Crème fraîche untermischen. Schmeckt super.*

# PASTA MIT KAROTTEN-LAUCH-GEMÜSE

*Ein superleckeres, einfaches, saisonales Pastagericht fürs Frühjahr mit Karotte und Lauch. Die Muschelnudeln passen bestens zu dem aromatischen Karotten-Lauch-Gemüse und das Tomaten-Paprika-Mark kann ich euch nur empfehlen – das gibt eine ganz tolle Würze. Die Karotte in Streifen anzudünsten anstatt in Scheiben, macht einen großen Unterschied und eignet sich auch super zur Resteverwertung.*

Für 2–3 Personen

*Für die Pasta:*
200–250 g Pasta (z. B. Conchiglie)
Salz

*Für das Karotten-Lauch-Gemüse:*
2 Karotten
1 Lauchstange
Olivenöl
4 EL Tomaten-Paprika-Mark
ca. 350 ml Wasser
Honig
Zitronensaft
Pfeffer
Kräutersalz

*Für die Toppings:*
Mandelstifte
Feta
etwas Pfeffer

1. Das Pastawasser aufsetzen, leicht salzen und die Pasta al dente kochen.
2. Nebenbei die Karotten schälen, die Enden entfernen und mit einem Sparschäler dünne Karottenstreifen „abschälen". Den Lauch waschen, putzen und in Ringe schneiden.
3. Reichlich Olivenöl in eine Pfanne geben und darin zuerst den Lauch kurz anbraten und dann die Temperatur herunterdrehen. Die Karotten und 2 EL Tomaten-Paprika-Mark hinzugeben. Kurz anschwitzen und, falls nötig, noch etwas Olivenöl hinzugeben. 200 ml Wasser hinzugeben und alles gut miteinander vermengen.
4. Etwas Honig und Zitronensaft hinzugeben und das Ganze vor sich hin köcheln lassen. Mit Pfeffer und Kräutersalz abschmecken. Sobald ein Großteil der Flüssigkeit verkocht ist, 150 ml Wasser, 2 EL Tomaten-Paprika-Mark und ggf. noch etwas Honig und Zitronensaft hinzugeben. Alles gut miteinander vermengen, auf niedriger Stufe durchziehen lassen und ggf. nachwürzen.
5. Die Pasta auf Teller geben. Darauf das Karotten-Lauch-Gemüse verteilen. Mit Mandelstiften toppen und den Feta darüberkrümeln. Wer mag, kann jetzt noch etwas pfeffern.

*Resteverwertung: Wer noch etwas Ricotta übrig hat, kann diesen mit etwas Zitronenabrieb, Pfeffer und Salz würzen und dann als Kleckse auf das Pastagericht geben.*

*Bis auf den Honig und den Feta ist alles vegan. Für ein veganes Gericht einfach den Honig durch etwas Rohrohrzucker oder Agavendicksaft ersetzen und den Feta durch eine vegane Alternative.*

# Salzige Rezepte

# KÖSTLICHES TRÜFFELBAGUETTE MIT RICOTTA UND BURRATA

*Das Ciabatta wird in dünne Scheiben geschnitten, in Trüffelöl geröstet und mit Knoblauch eingerieben. So lecker! On top kommen eine Ricottacreme und in Honig gewendete Frühlingszwiebeln. Die cremige Burrata ist so gut. Ein paar Pinienkerne, frischer Pfeffer und Zitronenabrieb machen das Gericht zu einem oberleckeren Lunch; es passt aber auch perfekt als schnelles Dinner, Vorspeise oder kleiner Snack. Auch zu einem herzhaften Frühstück kann ich es mir gut vorstellen.*

Für ca. 4 Röstbrote

*Für das Röstbrot:*
ca. 125 g Ricotta
1 TL Schmand
Pfeffer
Salz
etwas Zitronensaft
3–4 kleine Frühlingszwiebeln
Olivenöl
etwas Honig
1 Knoblauchzehe
4 Scheiben Ciabatta
Trüffelöl
1 Burrata
etwas Zitronenabrieb
Pinienkerne
Kräutersalz

1. Den Ricotta und den Schmand in eine kleine Schüssel geben, mit Pfeffer und Salz würzen und etwas Zitronensaft hinzugeben. Dann alles gut miteinander vermengen.
2. Die Frühlingszwiebeln waschen, die Enden abschneiden und die äußere Hülle entfernen. Dann in mittelgroße Stücke teilen. In eine heiße Pfanne reichlich Olivenöl geben. Die Frühlingszwiebeln darin kurz anbraten und dann die Temperatur herunterdrehen. Jetzt einen Mini-Klecks Honig hinzugeben und die Frühlingszwiebeln darin wenden/glasieren.
3. In der Zwischenzeit eine Knoblauchzehe halbieren und damit die Ciabattascheiben von beiden Seiten einreiben. Danach Trüffelöl in eine Pfanne geben und die Scheiben darin anrösten. Nicht zu heiß werden lassen. Den Knoblauch mit in die Pfanne geben.
4. Die Burrata in vier Stücke teilen.
5. Zum Servieren zuerst die Röstbrote mit der Ricottacreme bestreichen und pfeffern. Darauf die Frühlingszwiebeln geben und on top die Burrattastücke. Jetzt noch etwas Zitronenabrieb darübergeben. Zum Schluss die Pinienkerne und etwas Kräutersalz darüberstreuen.

♡ *Dieses Community-Rezept wurde von meiner Instagram-Community nach ganz weit vorne gewählt bei ihren Lieblingsrezepten, die ins Kochbuch sollen. Ganz viel Freude beim Ausprobieren.*

# SCHNELLER SPARGEL-FLAMMKUCHEN MIT FETA

*Ich liebe Flammkuchen, und je nach Saison belege ich diesen anders. Jetzt im Frühling muss es auf jeden Fall einer mit grünem Spargel sein. Wenn das Wetter mitspielt, könnt ihr diesen auch schon draußen in der Frühjahrssonne genießen. Auch ein grüner Blattsalat mit Radieschen macht sich gut dazu.*

Für 4 Portionen (Ihr könnt das Rezept für 2 Personen auch ganz leicht halbieren.)

*Für den Spargel-Flammkuchen*
1 Bund grüner Spargel
Salz
340 g Flammkuchenboden aus dem Kühlregal (alternativ 2 Rollen Flammkuchenteig)
350–400 g Schmand
Pfeffer
Kräutersalz
getrockneter Thymian
2 Frühlingszwiebeln
Pinienkerne
etwas Olivenöl
ca. 300 g Feta (Natur, mild)

1. Die „holzigen" Enden des Spargels entfernen und ggf. den unteren Teil schälen.
2. In gesalzenes kochendes Wasser geben und für wenige Minuten blanchieren, bis der Spargel bissfest ist, dann aus dem Wasser nehmen.
3. Den Backofen auf 220 °C Ober-/Unterhitze vorheizen.
4. 2 Flammkuchenböden auf ein mit Backpapier belegtes Backblech legen. Mit dem Schmand bestreichen. Mit Pfeffer, Kräutersalz und Thymian bestreuen. Die Frühlingszwiebeln waschen, in Ringe schneiden und darauf verteilen. Pinienkerne daraufstreuen. Den Spargel am Stück lassen (alternativ die Spitze abschneiden und den Rest der Spargelstangen in kleine Stücke schneiden) und auf dem Flammkuchen verteilen. Olivenöl über den Spargel sprenkeln und erneut mit Pfeffer, Kräutersalz und Thymian würzen. Zum Schluss den Feta darüberkrümeln.
5. Ca. 12–15 Minuten backen. Den Vorgang mit den nächsten Flammkuchen wiederholen.

*Dazu passt eine Holunderblütenschorle, und in die Eiswürfel könnt ihr eine Zitronenscheibe einfrieren. Gerade im Mai kann es manchmal richtige sonnige Tage geben, wo es super passt.*

*Wusstet ihr, dass die meisten Flammkuchenteige vegan sind? Also müsst ihr für ein veganes Gericht nur noch den Schmand und den Feta durch vegane Alternativen austauschen. Easy.*

# GEFÜLLTE FRÜHLINGSZWIEBEL-KÄSE-PFANNKUCHEN MIT SALAT

*Ich liebe gefüllte Pfannkuchen. Sie gehen schnell und sind für mich ein richtiges Soulfood-Essen. Gerade im Frühjahr passen Frühlingszwiebeln und Schnittlauch super, um den Pfannkuchen damit extra Geschmack zu verleihen. Ihr könnt die Pfannkuchen sowohl mit der Creme befüllen als auch diese on top servieren.*

Für ca. 4–5 Pfannkuchen

*Für das Dressing:*
2 EL Olivenöl
2 EL weißer Balsamicoessig
1 EL Dijon-Senf
etwas Honig
Zitronenabrieb
Pfeffer
Fleur de Sel
Schnittlauch

*Für den Salat:*
¼ Kopf Eichblattsalat
etwas Rucola
1 kleine Karotte
1–2 Radieschen
Pinienkerne

*Für die Füllung:*
150 g sahniger Frischkäse
125 g Schmand
frischer oder getrockneter Thymian
Zitronensaft
Zitronenabrieb
Pfeffer
Kräutersalz

*Für die Pfannkuchen:*
2 Frühlingszwiebeln
Schnittlauch
2 Eier
Fleur de Sel
Pfeffer
frischer oder getrockneter Thymian
200 ml Milch
120 ml Wasser mit Kohlensäure
220 g Dinkelmehl (Type 630)
75 g Reibekäse
geschmacksneutrales Pflanzenöl zum Ausbacken oder Olivenöl

1. Zuerst für das Dressing Olivenöl, weißen Balsamico, Senf, Honig und Zitronenabrieb in ein Gefäß geben und alles gut miteinander vermengen. Mit Pfeffer und Fleur de Sel abschmecken. Den Schnittlauch fein schneiden und untermengen. Dann zur Seite stellen.
2. Den Salat und den Rucola waschen. Die Karotte ebenfalls waschen, schälen und mit einem Gemüsehobel dünn hobeln. Bei den Radieschen die Enden entfernen und die Radieschen in dünne Scheiben hobeln. Alles zur Seite stellen.
3. Für die Füllung den sahnigen Frischkäse und den Schmand in eine kleine Schüssel geben. Darauf den getrockneten oder frischen Thymian, etwas Zitronensaft und Zitronenabrieb geben. Mit Pfeffer und Kräutersalz würzen. Alles mit einer Gabel oder einem Schneebesen vermengen.
4. Die Frühlingszwiebeln für den Teig waschen und in Ringe schneiden und den Schnittlauch fein schneiden.
5. Die Eier in eine kleine Rührschüssel geben. Fleur de Sel, Pfeffer, frischen oder getrockneten Thymian, Milch, Wasser mit Kohlensäure und Mehl hinzugeben. Mit einem Schneebesen zu einem glatten Teig verrühren. Reibekäse, klein geschnittene Frühlingszwiebeln und Schnittlauch hinzugeben und untermengen.
6. In einer Pfanne Öl erhitzen, dann eine Schöpfkelle Teig hinzugeben. Sobald eine Seite knusprig ist, den Pfannkuchen wenden, 2 Kleckse der Füllung daraufgeben und zuklappen. Den Pfannkuchen ausbacken, bis er von allen Seiten knusprig ist. So fortfahren, bis der Teig aufgebraucht ist.
7. Die Pfannkuchen mit dem Salat auf Tellern anrichten, das Dressing darübergeben und einige Pinienkerne darüberstreuen.

♡ *Falls ihr nicht direkt allen Pfannkuchenteig benötigt, könnt ihr diesen abgedeckt in den Kühlschrank stellen und den Rest am nächsten Tag ausbacken. Dazu den Teig nur einmal vorher umrühren.*

# KÄSE-FRÜHLINGSWAFFELN MIT QUARK

*Ich bin ein großer Waffel-Fan, egal ob süß oder salzig. Im Frühling sind Käsewaffeln mit Schnittlauch und Frühlingszwiebeln perfekt und man kann sie auch wunderbar in großen Mengen zubereiten, wenn man Besuch hat, oder auch später im Toaster wieder aufwärmen. Auch als Sandwiches machen die sich super.*

Für 12–15 Waffeln

*Was ihr dafür benötigt:*
Waffeleisen (ich verwende ein belgisches)

*Für den Quark:*
250 g Quark (Magerstufe)
200 g körniger Frischkäse
Pfeffer
Kräutersalz
(Zitronen-Chili-)Salz
etwas Honig

*Für die Toppings:*
4–5 Radieschen
weißer Balsamicoessig
Pfeffer
Schnittlauch

*Für die Waffeln:*
2 Frühlingszwiebeln
Schnittlauch
2 Eier
350 g Dinkelmehl (Type 630)
ca. 480 ml Milch
ca. 1 EL Wasser mit Kohlensäure
Pfeffer
Kräutersalz
100–125 g geriebener Emmentaler
geschmacksneutrales Pflanzenöl zum Ausbacken

1. Alle Zutaten für den Quark in einer kleinen Schüssel miteinander vermengen.
2. Die Radieschen für das Topping klein schneiden, in ein kleines Gefäß geben, mit Balsamicoessig übergießen, pfeffern und durchziehen lassen. Den Schnittlauch für das Topping klein schneiden.
3. Die Frühlingszwiebeln waschen, putzen und klein schneiden. Den Schnittlauch ebenfalls klein schneiden.
4. Eier, Mehl, Milch, Wasser mit Kohlensäure und Gewürze in eine Schüssel geben und mit einem Rührgerät verrühren. Schnittlauch, Frühlingszwiebeln und Käse unterheben.
5. Das Waffeleisen mit dem geschmacksneutralen Pflanzenöl bestreichen und 2 Kleckse Teig pro Seite hineingeben. Die Waffeln nacheinander knusprig ausbacken. Ich gebe immer nur in die Mitte jeder Kammer des Waffeleisens Teig, dann füllt es nicht die ganze Form aus und sieht so schön aus.
6. Den Quark dazu reichen und mit Radieschen und etwas Schnittlauch servieren. Wer mag, kann noch etwas frischen Pfeffer darübermahlen.

♡ *Ihr könnt statt des Quarks auch nur etwas griechischen Joghurt würzen. Diesen on top geben und Kresse mit etwas weißem Balsamicoessig besprenkeln. Und wer mag, streut noch ein paar Pinienkerne darüber. Auch Karottenstreifen würden noch passen. Die Waffeln lassen sich auch gut später nochmal im Toaster erwärmen und sind auch (ohne die Toppings) etwas Schnelles auf die Hand.*

# WEIẞE FRÜHJAHRS-KARTOFFEL-PIZZA

*Ich liebe Pizza und vor allem bin ich auch ein großer Fan von weißer Pizza. Mit den hauchdünnen Kartoffeln on top, dem fluffigen Hefeteigboden und dem geschmolzenen Käse ist das ein Genuss und die Größe ist auch perfekt.*

Für ca. 4 kleine Pizzen

*Für die Pizzen:*
1 Pck. Trockenhefe
80 ml lauwarmes Wasser
500 g Weizenmehl/Pizzamehl (Tipo 00) + etwas zum Ausrollen
1 TL Salz
3 EL Olivenöl
280 ml Wasser

*Für den Belag:*
3–4 mittelgroße Frühlingszwiebeln
2–3 mittelgroße Kartoffeln
ca. 340 g Ricotta
Pfeffer
rosa Himalayasalz
etwas Honig
400 g Mozzarella
etwas Olivenöl
Radieschenkresse
Balsamico-Reduktion (optional)

1. Die Hefe mit dem lauwarmen Wasser vermengen und zugedeckt 15–20 Minuten gehen lassen.
2. In eine Schüssel zuerst das Hefegemisch geben, dann das Mehl, das Salz, das Olivenöl und das Wasser. Mit den Händen zu einem Teig kneten und abgedeckt an einem warmen Ort ca. 1 Stunde gehen lassen, bis sich das Teigvolumen etwa verdoppelt hat.
3. Den Backofen auf 225 °C Ober-/Unterhitze vorheizen.
4. Die Frühlingszwiebeln waschen, putzen und in feine Ringe schneiden, die Kartoffeln schälen und mit einem Gemüsehobel hauchdünn hobeln.
5. Den Teig in 4 Stücke teilen. Mit bemehlten Händen ein Teigstück nehmen und zur Kugel rollen. Auch das Wellholz bemehlen und das Teigstück auf einer bemehlten Fläche, z. B. einem großen Holzbrett, mitteldünn ausrollen und mit den Händen rund formen.
6. Die Pizza auf ein mit Backpapier belegtes Backblech legen. Mit Ricotta bestreichen. Etwas pfeffern und salzen. Darauf die Frühlingszwiebeln streuen und ein wenig Honig darüberträufeln. Nun die Kartoffelscheiben darauflegen, pfeffern und salzen. Den Mozzarella in feine Scheiben schneiden und darauf verteilen; zum Schluss etwas Olivenöl darübergeben.
7. Für ca. 12–15 Minuten goldbraun backen.
8. Radieschenkresse darüberstreuen, Wer mag, kann auch Balsamico-Reduktion über die Kresse geben.
9. Den Vorgang mit den anderen Teigstücken wiederholen.

♡ *Die Pizza schmeckt tatsächlich auch kalt super – wir hatten sie auch schon bei einem Ausflug dabei. Wenn ihr die Pizza an zwei Tagen essen möchtet, könnt ihr sie am zweiten Tag auch in der Pfanne in etwas Olivenöl nochmals kurz anbraten. Schmeckt auch super.*

# FRÜHLINGSSALAT MIT FRITTIERTEN RICOTTABÄLLCHEN

*Auf dem Markt laufe ich immer an einem goldigen Stand vorbei, der einen Wildkräutersalat mit essbaren Blüten anbietet. Ich finde, das sieht immer so hübsch aus und ist eine willkommene Abwechslung zu den üblichen Blattsalaten. Die frittierten Ricottabällchen dazu sind ein Traum! Die kross angebratenen Kartoffelwürfel dazu sind mal ein ganz anderes Topping und passen perfekt zum Salat.*

Für 2 sättigende Portionen und ca. 8 Bällchen

*Für das Dressing:*
1 kleine Frühlingszwiebel
Zitronenmelisse
Liebstöckel
4 EL Olivenöl
3 EL weißer Balsamicoessig
½ EL Dijon-Senf
etwas Honig (optional)
Pfeffer
Kräutersalz
Zitronenabrieb

*Für den Salat:*
ca. 125 g Wildkräutersalat
½ Romanasalat
3–4 Walnüsse
essbare Blüten, z. B. Stiefmütterchen

*Für die Ricottabällchen:*
250 g Ricotta
Pfeffer
Salz
frischer Thymian
etwas Honig (optional)
Zitronenabrieb
Dinkelsemmelbrösel zum Panieren
Mehl zum Panieren
2 Eier
Kräutersalz
geschmacksneutrales Pflanzenöl zum Ausbacken

*Für die Toppings:*
2–3 große Kartoffeln
Olivenöl
Pfeffer
Kräutersalz
frischer oder getrockneter Thymian (optional)
Schnittlauch
1 Zitrone

1. Die Frühlingszwiebel für das Dressing in feine Ringe schneiden. Etwas Zitronenmelisse und Liebstöckel klein schneiden oder klein rupfen. Olivenöl, weißen Balsamico, Senf und Honig (optional) in ein Einmachglas geben. Mit Pfeffer und Kräutersalz würzen. Etwas Zitronenabrieb hinzugeben, das Glas verschließen und gut durchschütteln. Dann die Kräuter und die Frühlingszwiebel untermengen und zur Seite stellen.
2. Die Salate waschen und den Romanasalat in feine Streifen schneiden. Die Walnüsse fein hacken.
3. Den Ricotta in einer kleinen Schüssel mit Pfeffer und Salz würzen. Frischen Thymian, etwas Honig und Zitronenabrieb hinzugeben und alles gut vermengen.
4. Die Kartoffeln schälen und in ganz kleine Würfel schneiden. In eine Pfanne reichlich Olivenöl geben und die Kartoffel zuerst kross anbraten und dann mit Pfeffer, Kräutersalz und Thymian (optional) würzen. Auf niedriger Stufe vollends gar werden lassen.
5. In eine Schüssel Semmelbrösel geben, in eine weitere Mehl und in einer dritten die Eier mit Pfeffer und Kräutersalz mit einer Gabel verquirlen.
6. Mit den Händen Ricottakugeln formen und diese zuerst in das Mehl tunken, dann in die Eier-Mischung und danach in die Semmelbrösel und das Ganze am besten wiederholen, sodass eine dicke Schicht um den Ricotta ist und dieser nicht auslaufen kann.
7. Einen Topf zu etwa einem Drittel mit Pflanzenöl befüllen und dieses erhitzen. Sobald das Fett heiß ist, die Ricottabällchen darin kross ausbacken.
8. Zuerst den Salat auf Teller verteilen. Darauf die klein gehackten Walnüsse und die Kartoffelwürfel geben. Darüber das Dressing und etwas fein geschnittenen Schnittlauch verteilen. On top die Bällchen setzen und diese mit den Blüten schmücken. Zwei Zitronenscheiben abschneiden und jeweils eine auf die Teller geben. Die restliche Zitrone auspressen und den Saft auf die frittierten Ricottabällchen träufeln.

♡ *Der Salat ist sehr sättigend und eine schöne Abwechslung zu Pasta & Co. Gerade am Wochenende oder im Urlaub, wo man sich etwas mehr Zeit für seine Gerichte nimmt, ist dieser detailverliebte Salat genau das Richtige.*

# SPÄT-FRÜHLINGSSALAT MIT ERDBEEREN UND HALLOUMI

*Dieser Salat ist perfekt für den Spätfrühling, wenn man den Sommer schon riechen kann. Wenn ihr noch keine frischen Gurken und Tomaten vor Ort findet, dann könnt ihr auch einen bunten Pflücksalat verwenden. Der leichte und erfrischende Salat passt auch als Beilage zum ersten Grillen. Dazu würde sich ein Kräuterbaguette sehr gut machen.*

Für 2 Portionen

*Für das Dressing:*
2 EL Olivenöl
2 EL weißer Balsamicoessig
Pfeffer
Salz
2 TL Dijon-Senf
½ EL Aprikosenmarmelade
2–3 Blätter Basilikum

*Für die Avocadocreme:*
1 Avocado
3 EL Schmand
(Orangen-)Pfeffer
rosa Himalayasalz
Zitronensaft
8 Blätter Basilikum

*Für den Salat:*
¾ einer großen Gurke
8–10 Cocktailtomaten
ca. 10 Erdbeeren
1 Frühlingszwiebel

*Für die Toppings:*
2 Halloumi (Kräuter)
Olivenöl
Mandelstifte
Basilikum
getrocknete Blüten (optional)

1. Alle Zutaten für das Dressing in ein Schraubglas geben, dabei den Basilikum grob zerrupfen. Verschließen und gut durchschütteln.
2. Die Avocado entkernen. Alle Zutaten für die Creme in ein hohes Gefäß geben und mit dem Stabmixer cremig mixen. Abschmecken.
3. Die Zutaten für den Salat waschen. Die Gurke ggf. schälen und in Scheiben schneiden. Die Tomaten halbieren und die Erdbeeren putzen und vierteln. Die Frühlingszwiebel in Ringe schneiden.
4. Den Halloumi in einer Pfanne in heißem Öl von beiden Seiten kross anbraten und in Dreiecke oder kleine Stücke schneiden.
5. Nebenbei die Gurken auf die Teller geben. Darauf die Tomaten und Erdbeeren verteilen. Die Frühlingszwiebeln und Mandelstifte nach Geschmack über alles streuen. Das Dressing darauf verteilen und den Halloumi daraufsetzen. Die Avocadocreme dazugeben und mit etwas Basilikum und getrockneten Blüten (optional) dekorieren.

♡ *Angeröstete Brotwürfel würden auch sehr gut passen. Der Halloumi kann durch Mozzarella ersetzt werden. Auch auf einer länglichen Platte serviert sieht der Salat als Beilage super aus.*

*Ihr könnt den Käse durch veganen Feta ersetzen und gebt einen Mix aus Basilikum, etwas Olivenöl, Zitronensaft, Pfeffer und Salz darüber. Schmeckt auch super.*

# Eis & Getränke

# VEGAN NUSS-NOUGAT ICED „LATTE“

VEGAN

*Die Rezeptidee kam mir ganz spontan an einem warmen Frühjahrstag, als ich gerade für ein paar Rezepte einkaufen ging und einen veganen Nuss-Nougat-Aufstrich sah. Der Iced Latte erhält durch den Aufstrich etwas von einem Iced Mocca. Nur eine leichte Süße, ansonsten ein nussiges, leicht herbes Aroma durch die Schokolade, und der sanfte Espresso passte super dazu. Es ist herrlich, diesen Drink an einem warmen Frühjahrstag oder einem der ersten Sommertage zu genießen.*

Für 1 Glas

*Iced „Latte“:*
ca. 60 ml Espresso
ca. 2 gehäufte TL veganer Nuss-Nougat-Aufstrich
Eiswürfel
ca. 250 ml Mandeldrink gesüßt oder ungesüßt (je nach Belieben)

*Für die Toppings:*
veganer Nuss-Nougat-Aufstrich
gehackte Haselnüsse
etwas Zartbitterschokolade

1. Den Espresso kochen und zur Seite stellen.
2. Sobald der Espresso nur noch lauwarm ist, mit einem Pinsel den Rand des Glases mit etwas Nuss-Nougat-Creme bepinseln und darauf rundum die Haselnusskerne streuen.
3. Nun 2 gehäufte TL Nuss-Nougat-Aufstrich in das Glas geben. Darauf den noch leicht warmen Espresso gießen und umrühren. So löst sich der Aufstrich ein wenig im Espresso auf.
4. Den Mandeldrink in einem Milchaufschäumer kalt aufschäumen.
5. Das Glas mit den Eiswürfeln befüllen und darauf den aufgeschäumten Mandeldrink geben. Etwas Zartbitterschokolade daraufraspeln.
6. Vor dem Trinken mit einem Glasstrohhalm den Espresso etwas mit dem Mandeldrink vermischen.

♡ *Dieser Vegan Iced „Latte“ ist auch im Sommer superlecker und erinnert ein wenig an einen Iced Mocca. Er ist auch eine schöne Idee, wenn man Besuch hat und man den kühlen Drink im Garten oder auf dem Balkon genießen kann.*

# ERDBEER-MASCARPONE-EIS AM STIEL

*Das Erdbeer-Mascarpone-Eis im Miniformat ist wie eine Eis-Praline und perfekt für zwischendurch. Dazu habe ich einfach eine Eiswürfelform in Blütenoptik verwendet. Wer Lust auf ein großes Eis hat, nimmt dazu Eisformen für Eis am Stiel. Das Eis ist auch ohne Eismaschine so cremig durch den Mascarpone und schmeckt wie ein kleines gefrorenes Dessert am Stiel. Ihr könnt im Sommer auch zu anderen Früchten wie Aprikose, Himbeere oder Pfirsich greifen.*

Für 4 Eis am Stiel oder
16–20 Eis-Pralinen

*Was ihr dafür benötigt:*
Eisformen für Eis am Stiel oder auch Formen für Eiswürfel oder Mini-Küchlein-Form
Holzstiele

*Für das Eis:*
10 große Erdbeeren
3 EL Honig
200 g Sahne
250 g Mascarpone
3 EL Holunderblütensirup

1. Die Erdbeeren waschen, putzen, vierteln und in einen hohen Behälter geben. 2 EL Honig hinzugeben und alles mit einem Stabmixer fein mixen.
2. Die Sahne cremig schlagen (muss nicht steif sein).
3. Den Mascarpone in eine Rührschüssel geben und die cremige Sahne vorsichtig untermischen. 1 EL Honig und den Holunderblütensirup hinzugeben und alles zu einer cremigen Masse mixen.
4. Etwas von dem Erdbeermix in die Form füllen. Darauf etwas von der Creme und ggf. noch einmal Erdbeermix geben. Man kann es auch noch etwas miteinander verrühren. In die kleinen Formen habe ich unten den Erdbeermix und oben darauf die Creme. Dann den Holzstiel in die Mitte stecken.
5. Über Nacht gefrieren lassen.

♡ *Falls ihr nicht genügend Eisformen habt oder auch einfach gar nicht so viel Eis produzieren möchtet, könnt ihr das Rezept entweder halbieren oder aus dem Rest einen Nachtisch machen. Ihr nehmt etwas Löffelbiskuit und legt daraus einen Boden z. B. in ein Dessertglas und darüber gebt ihr die passierten Erdbeeren. Darauf schichtet ihr die Creme und on top kommen klein geschnittene Erdbeeren und etwas Minze. Dann für ein paar Stunden kühl stellen und anschließend nur noch genießen.*

100% HOME MADE

# HOLUNDER-ZITRONEN-LIMONADE

VEGAN

*Bei uns im Garten blüht der Holunder ganz wundervoll, und dieser Duft ist so lieblich und fein. Als an einem schönen warmen Frühjahrstag die Sonne auf den kleinen Holztisch unter dem Birkenbaum fiel, hatte ich plötzlich Lust auf Limonade und die Idee für die Holunder-Limonade war geboren. Ich weiß noch ganz genau, wie erfrischend der erste Schluck war. Die Limonade ist definitiv eines meiner liebsten Getränke fürs Frühjahr.*

Für 3–4 große Gläser

*Für die Limonade:*
2 große Zitronen + 2 Zitronenscheiben
150 g Rohrohrzucker
1 l Wasser
10–12 Holunderblüten

*Für die Eiswürfel & Deko:*
10 Eiswürfel
Zitronenscheiben und Holunderblüten zur Deko (optional)
weitere Eiswürfel, in die geviertelte Zitronenscheiben eingefroren wurden

1. Die Zitronen auspressen und den Saft in einen Topf geben. Den Zucker, das Wasser und die 2 Zitronenscheiben hinzugeben. Alles aufkochen, dabei gut umrühren, bis sich der Zucker aufgelöst hat. Dann den Herd vom Topf nehmen und die Zitronenscheiben entfernen.
2. Die Holunderblüten etwas abschütteln, in den Topf geben und mit halb geöffnetem Deckel durchziehen und abkühlen lassen. Nach ca. 3 Stunden haben die Holunderblüten schon einiges an Geschmack abgegeben und die Limonade kann serviert werden.
3. Wer mag, kann sie in einem Glaskrug servieren. Dazu die 10 Eiswürfel in den Krug oder die Karaffe geben und die Holunder-Zitronen-Limonade durch ein Sieb hineingießen. Wer mag, kann jetzt noch ein paar Zitronenscheiben und abgeschüttelte Holunderblüten zur Deko hinzufügen.
4. In die Gläser ein paar Eiswürfel mit den geviertelten Zitronenscheiben geben und darauf die Limonade gießen.

♡ *Wenn ihr die Limonade mit den Zitronenscheiben und Holunderblüten als Dekoration serviert, dann direkt genießen, sonst werden von der Zitrone und den Holunderblüten möglicherweise Bitterstoffe an die Limonade abgegeben. Solltet ihr die Limonade nicht gleich genießen, dann könnt ihr diese ohne Deko bis zum nächsten Tag im Kühlschrank frisch halten.*

# FRÜHJAHRS-PICKNICK

Ich bin ein absoluter Picknick-Fan. Ich liebe es, alles schön herzurichten und inmitten der Natur eine schöne Zeit zu haben. Man wird geradezu gezwungen, zu entschleunigen und sich auf das Essen zu konzentrieren, und kann dabei noch die wunderschöne Natur genießen.
Ich fühle mich dabei immer so voller Kreativität und voll von dem Wunsch, Neues zu erschaffen. Ich kann es im Frühjahr kaum erwarten, bis es endlich soweit ist, dass man bei schönem Wetter das erste Picknick genießen kann, und präsentiere immer voller Freude, was sich in meinem Picknickkorb verbirgt.

# TIPPS FÜR EIN FRÜHJAHRS-PICKNICK

- Nehmt eine dicke Picknickdecke mit, auf der ihr bequem sitzen könnt. Falls ihr keinen weiten Weg habt, sind auch Kissen wunderschön – sie machen es extra gemütlich.
- Eine alte Holzkiste hilft dabei, die Picknicksachen an den Picknickort zu bringen, und dient später als Tisch.
- In Stoffservietten könnt ihr euer Geschirr easy transportieren und es später darin wieder einwickeln. Zudem könnt ihr sie als Servietten benutzen oder wenn ihr etwas abdecken müsst. Sie sind also Allrounder.
- Bei Salat das Dressing in einer extra Bügelflasche transportieren; dann könnt ihr vor Ort einen frisch angemachten Salat genießen. Den Salat einfach extra in Einmachgläsern mitnehmen.
- In einer Thermoskanne könnt ihr den Kaffee mitnehmen und habt dann vor Ort ein wärmendes Getränk, was gerade im Frühjahr guttut. Die Milch oder den Pflanzendrink dafür könnt ihr in einer kleinen Bügelflasche separat mitnehmen.
- Für ganz spontane Picknicke schaut, was in eurem Kühlschrank vorrätig ist, und stellt euch ein Set aus etwas Salzigem, etwas Frischem, einem Aufstrich, etwas Brot, eventuell Oliven, einem Getränk und einem süßen Nachtisch zusammen.
- Die gebackenen Gerichte lassen sich gut in Brotdosen mitnehmen. Diese sind später auch super, um die Reste wieder einzupacken.

# KARTOFFEL-LAUCH-CURRY-QUICHES

*Diese Mini-Quiches sind so geschmacksintensiv und perfekt zum Mitnehmen für ein Picknick, aber natürlich könnt ihr das Rezept auch für zu Hause zubereiten. Ihr könnt die Quiches auch abends in der Pfanne nochmal warm machen und dazu den Salat servieren. Wir haben uns sehr gefreut, beim Picknick solch ein kulinarisches Highlight dabei zu haben.*

Für 8 Mini-Quiches

*Was ihr dafür benötigt:*
8 Mini-Quiche-Förmchen

*Für den Teig:*
150 g weiche Butter + Butter zum Fetten der Förmchen
1 kleines Ei
200 g Dinkelmehl (Type 630) + etwas zum Ausrollen und für die Hände
1 TL Backpulver
1 Prise Salz

*Für die Füllung:*
2 Eier
225 ml Sahne
2 gehäufte EL Schmand
Pfeffer
Salz
Currypulver
Kurkuma
ca. 80 g Reibekäse
1 Lauchstange
2 Kartoffeln

*Für die Toppings:*
Radieschenkresse (optional)

1. Für den Teig die Butter mit dem Ei in einer großen Schüssel mit einem Rührgerät verrühren. In einer extra Schüssel Mehl, Backpulver und Salz mischen und zu der Butter-Ei-Mischung geben. Kurz rühren, bis alles bröselig ist, und dann mit den Händen zu einem Teig kneten. Abgedeckt in den Kühlschrank stellen.
2. Für die Füllung die Eier mit der Sahne und dem Schmand in einer kleinen Schüssel mit Hilfe eines Schneebesens cremig rühren. Mit frischem Pfeffer, Salz, reichlich Curry und etwas Kurkuma kräftig würzen und verrühren. Zum Schluss den Käse unterheben.
3. Den Lauch waschen, putzen, halbieren und in dünne Streifen schneiden. Die Kartoffeln schälen und mit einem Gemüsehobel in dünne Scheiben hobeln.
4. Den Backofen auf 200 °C Ober-/Unterhitze vorheizen.
5. Die Quiche-Förmchen mit Butter einfetten.
6. Den Teig in 8 Stücke teilen und dann auf einer bemehlten Fläche mit bemehlten Händen und bemehltem Wellholz in der Größe der Tarteformen auswellen. Den Teig in die Förmchen geben und den überschüssigen Rand entfernen. Ich habe dann einfach bei der letzten Quiche die ganzen Ränder mit eingeknetet und die Quiche etwas dicker gemacht, um keinen Teig zu verschwenden.
7. Mit einer Gabel in die Teigböden stechen. Zuerst die Kartoffeln auf den Böden verteilen, dann darauf den Lauch und anschließend mit der Ei-Mischung auffüllen.
8. Für ca. 30–34 Minuten goldbraun backen. Sollte der Käse vor Ende der Backzeit schon dunkel werden, die Quiches mit einem Backpapier abdecken.

♡ *Dazu passt ganz wunderbar eine Pflücksalatmischung mit einem Dressing. Für die Salatsauce benötigt ihr 2 EL Olivenöl, 2 EL weißen Balsamicoessig, ½ TL Honig, 1 ½ TL Aprikosensenf, ein paar klein geschnittene Blätter Zitronenmelisse, Pfeffer und Kräutersalz. Alles gut miteinander vermengen und ein paar klein gehackte Mandeln dazugeben. Dann in eine Bügelflasche für den Transport füllen und vor dem Servieren noch einmal gut durchschütteln. Den Salat extra einpacken. Dann bleibt alles schön frisch.*

# FETA-WALNUSS-ZITRONENTHYMIAN-AUFSTRICH

*So ein Aufstrich geht ruckzuck. Und wenn spontan das Wetter megaschön wird, kauft man sich noch ein Baguette beim Bäcker, nimmt Käse, Oliven und Infused Water mit, und schon kann man sich einen schönen Platz in der Natur suchen oder auch nach einem Spaziergang eine Rast einlegen. Ich liebe solche schnellen Rezepte. Der Aufstrich hat ein köstliches Aroma, und der frische Zitronenthymian aus dem Garten passt wunderbar zum Feta und den Walnüssen.*

Für 1 kleines Einmachglas

*Für den Aufstrich:*
3 ganze Walnüsse
reichlich frischer Zitronenthymian
200 g sahniger Frischkäse
90 g Feta (Natur, mild)
etwas Honig
etwas Zitronenabrieb
Pfeffer
Salz

1. Die Walnüsse ggf. schälen und klein hacken und die Blätter vom Zitronenthymian abstreifen. Beides mit Frischkäse, Feta, Honig, Zitronenabrieb, Pfeffer und Salz in eine Schüssel geben.
2. Mit einer Gabel grob vermengen. Es dürfen ruhig noch Fetastücke zu sehen sein. In ein Einmachglas geben.

♡ *Dazu passt ein Baguette oder ein Ciabatta. Auch ein paar Oliven und zum Beispiel Heublumenkäse machen sich perfekt zum Aufstrich. Als Getränk hatten wir Wasser mit etwas Holunderblütensirup, ein paar Zitronenscheiben und 2 Stängeln Waldmeister dabei. Das Infused Water schmeckt so gut und der Waldmeister verströmt sein wunderbares Aroma. Ein richtig tolles Frühjahrsgetränk.*

# PISTAZIEN-MADELEINES MIT WEIßER SCHOKOLADE

*Die fluffigen Madeleines haben die perfekte Größe, um sie auf ein Picknick mitzunehmen. Natürlich könnt ihr sie auch für zu Hause zubereiten. Das Rezept ergibt eine Menge und macht sich deshalb auch super für ein Fest oder zum Verschenken. Wir haben die Madeleines bei der frühlingshaften Abendsonne mit einem Kaffee dazu genossen und uns an der wunderschönen Umgebung erfreut.*

Für ca. 30 Madeleines

*Was ihr dafür benötigt:*
Madeleineform

*Für den Teig:*
50 g Pistazien ohne Schale
2 Eier
100 g Rohrohrzucker
1 Prise Salz
1 EL Vanillepaste
75 g weiche Butter + Butter zum Fetten der Form/Förmchen
100 g weiße zartschmelzende Schokolade
100 g gemahlene blanchierte Mandeln
3 EL Sahne
100 ml Milch
170 g Dinkelmehl (Type 630)
½ Pck. Backpulver

*Für die Toppings:*
100 g zartschmelzende weiße Schokolade

1. Die Pistazien fein hacken.
2. Den Backofen auf 175 °C Ober-/Unterhitze vorheizen.
3. Die Eier mit dem Rohrohrzucker in einer Rührschüssel mit dem Rührgerät kurz schaumig schlagen. Das Salz und die Vanillepaste unterrühren. Die weiche Butter hinzugeben und verrühren.
4. Die weiße Schokolade über dem Wasserbad zum Schmelzen bringen.
5. Die Mandeln, die Sahne und 40 g klein gehackte Pistazien hinzugeben und verrühren. Unter ständigem Rühren die weiße Schokolade unterrühren. Jetzt noch die Milch einrühren. Dann das Mehl mit dem Backpulver vermengen und unter Rühren hinzugeben.
6. Die Form einfetten und mit dem Teig befüllen. Nicht zu voll gießen, sonst läuft der Teig über.
7. Die Madeleines in 15–18 Minuten fertig backen.
8. Aus dem Ofen über einem Kuchengitter stürzen und kurz ein feuchtes Tuch auf die Rückseite der Form legen. So lösen sich die Madeleines ganz leicht. Nun auf dem Kuchengitter vollständig abkühlen lassen.
9. Den restlichen Teig wieder in die gefettete Form geben und wie oben beschrieben backen. So fortfahren, bis der ganze Teig aufgebraucht ist.
10. Die weiße Schokolade über einem Wasserbad zum Schmelzen bringen.
11. Mit einer Gabel die weiße Schokolade auf die Madeleines auftragen und mit den restlichen klein gehackten Pistazien bestreuen.

♡ *Wenn ihr die Madeleines an einem heißen Frühjahrstag oder sogar im Sommer zum Picknick mitnehmt, würde ich die weiße Schokolade on top weglassen und sie stattdessen mit Puderzucker bestäuben. Sie halten sich in einer Brotdose locker 2 Tage frisch.*

# OUTDOOR STUDIO FRÜHJAHR

Im Frühjahr geht es endlich wieder los, die Temperaturen steigen und ich kann wieder in mein Outdoor Studio. Ruckzuck ist vor der blauen Hütte alles aufgebaut, und während um mich herum alles in einem satten Grün erstrahlt oder die Obstbaumblüte in voller Pracht ist, genieße ich die Freiheit, im Freien zu kochen und dabei den Geräuschen um mich herum zu lauschen. Sobald die ersten Essen auf dem Campingkocher gekocht und gegessen sind und ich in meiner Hängematte rüber zur blauen Hütte schaue, bin ich so unfassbar happy. Ihr könnt beide Rezepte auch super in eurem Campingurlaub zubereiten. Die Pfingstrosen aus meinem Garten passen zur blauen Hütte, und ich kann noch heute schmecken, wie lecker der vegane Burger war oder hören, wie die Kartoffelküchlein in der Pfanne brutzelten. Ein Ort voller Freiheit, Genuss, Inspiration, der meine Liebe zum Kochen aus dem Bauch heraus in jeder Form widerspiegelt. Die Spaziergänger, die vorbeilaufen, schauen neugierig herüber und sagen: „Mhhh. Da würde ich gerne mitessen", oder recken staunend den Kopf, ob sie sehen können, was ich da so koche. Abends wird der Pulli übergezogen, das Tor hinter mir zugemacht und wenn ich dann auf dem Kiesweg spüre, wie es dort noch deutlich wärmer ist, schaue ich noch einmal zurück zur Hütte, sehe mich da kochend stehen und erinnere mich daran, wie der Campingkocher klappert, wenn ich zu doll umrühre. Dann muss ich lachen, wenn ich wieder daran denke und sage: „Tschüss, Outdoor Studio. Bis zum nächsten Mal beim Kochen im Freien vor der blauen Hütte, die mir so viel bedeutet".

# KARTOFFELKÜCHLEIN MIT JOGHURT-DIP

*Ich liebe Kartoffelküchlein – die gab es bei uns früher immer. Von außen leicht knusprig und innen schön cremig. Dazu passt ein Joghurt-Dip ganz wunderbar. Wer mag, kann auch einen Gurkensalat oder einen gemischten Frühlingssalat dazu servieren. Im Sommer schmecken auch angedünstete Cocktailtomaten herrlich dazu.*

Für ca. 10–12 kleine Küchlein

*Für die Kartoffelküchlein:*
9 mittelgroße gekochte Kartoffeln
250 g Quark (Magerstufe)
getrockneter Thymian
Pfeffer
Fleur de Sel
Zitronen-Chili-Salz oder alternativ etwas Salz und Zitronenabrieb
ca. 2 EL gehackte glatte Petersilie
ca. 50–70 g Reibekäse
2–3 EL geriebener Parmesan (oder als vegetarische Variante z. B. Montello)
2–3 EL Weizenmehl
geschmacksneutrales Pflanzenöl zum Ausbacken, z. B. Rapsöl

*Für den Joghurt-Dip:*
2 kleine Frühlingszwiebeln
300 g griechischer Joghurt
1 EL Schmand
1–2 EL Schnittlauchringe
etwas Zitronenabrieb
etwas Zitronensaft
etwas Honig
Pfeffer
Fleur de Sel
Zitronen-Chili-Salz (optional)

*Für die Toppings:*
ca. 4–5 Radieschen
ca. 1 EL Olivenöl
ca. 1 ½ EL weißer Balsamicoessig
etwas Zitronensaft
etwas Fleur de Sel

1. Die Kartoffeln schälen und mit einer Gabel fein drücken oder durch eine Kartoffelpresse drücken. Mit dem Quark, den Gewürzen, der klein gehackten Petersilie, dem Reibekäse und dem Parmesan vermengen. Das klappt mit den Händen am besten. Zum Schluss noch das Mehl hinzugeben und durchkneten. Nachwürzen und zur Seite stellen.
2. Für den Joghurt-Dip die Frühlingszwiebeln waschen, putzen und in feine Ringe schneiden. Den Joghurt mit dem Schmand in eine kleine Schüssel geben und dazu die klein geschnittenen Frühlingszwiebeln und den Schnittlauch. Den Zitronenabrieb, den Zitronensaft und den Honig hinzugeben und ordentlich würzen. Alles gut vermengen und zur Seite stellen.
3. Von den Radieschen die Enden entfernen und die Radieschen mit einem Gemüsehobel fein hobeln. In ein kleines Einmachglas oder eine kleine Schüssel geben. Mit dem Olivenöl, dem Balsamico, dem Zitronensaft und etwas Fleur de Sel vermengen und abgedeckt durchziehen lassen.
4. Öl in die Pfanne geben und mit nassen Händen aus dem Kartoffelteig kleine Küchlein formen. Diese im heißen Öl von beiden Seiten knusprig ausbacken. Sobald die eine Seite knusprig ist, die Küchlein etwas andrücken. Erst umdrehen, wenn der Boden eine feste Kruste bekommen hat, sonst geht die Kruste wieder ab. Die Küchlein mit einem Küchentuch etwas abtupfen.
5. Den Joghurt-Dip zu den Kartoffelküchlein servieren und die eingelegten Radieschen auf den Dip geben.

♡ *Die Küchlein machen ordentlich satt. Ich würde sagen, man braucht etwa 4 pro Person. Deshalb haben wir den Rest auch im Kühlschrank bis zum nächsten Tag aufbewahrt. Ihr solltet den Teig aber nicht allzu lange aufheben. Dieses Rezept habe ich auch im Outdoor Studio gefilmt und ihr könnt es euch auf meinem Instagram-Account anschauen.*

# VEGANER BURGER IN CORNFLAKES-PANADE

VEGAN

*Als ich dabei war, im Outdoor Studio vor der blauen Hütte das Rezept für den veganen Burger zu filmen, war so ein schönes Spätfrühlings-Sonnenabendlicht, und ich konnte es gar nicht erwarten, den köstlichen Burger in der Hängematte zu essen. Die easy gemachte Veggie-Mayo-Sauce ist so lecker und hat perfekt zu dem in Cornflakes panierten Tofu gepasst.*

Für ca. 3–4 Burger (je nachdem, wie viel ihr vom panierten Tofu in einen Burger gebt)

*Für die Burger:*
½ kleine Gurke
3–8 Oliven (in Rosmarin mariniert)
Cornflakes zum Panieren
feines Weizenmehl zum Panieren
Pfeffer
Zitronen-Chili-Salz oder alternativ etwas Chiliflockensalz
ungesüßter Pflanzendrink
200 g Tofu Rosso
geschmacksneutrales Pflanzenöl zum Ausbacken
3–4 vegane Brioche-Burger-Brötchen
6–8 kleine Blätter Romana-Salat
Senf nach alter Art
Pinienkerne
etwas frischer Limettensaft (optional)

*Für die vegane Mayo:*
ca. 200 g vegane Mayo
Pfeffer
Fleur de Sel
Limettensaft (optional)
ca. 2 EL fein geschnittener Schnittlauch

1. Die Gurke schälen und mit einem Gemüsehobel in feine Scheiben hobeln. Die Oliven in dünne Rädchen schneiden. Ihr benötigt ca. 1–2 Oliven pro Burger.
2. Die vegane Mayo in eine kleine Schüssel oder ein Einmachglas geben. Würzen, dann je nach Belieben Limettensaft und den Schnittlauch daraufgeben. Alles vermengen und ggf. nachwürzen.
3. Die Cornflakes in einen tiefen Teller geben und leicht zerkleinern. In einen zweiten Teller Mehl geben und mit etwas Pfeffer und dem Zitronen-Chili-Salz würzen und vermengen. In einen dritten Teller den Pflanzendrink geben.
4. Den Tofu quer halbieren und dann in handliche Stücke teilen.
5. Zuerst den Tofu in dem Mandeldrink wenden, dann im Mehl und zum Schluss in die Cornflakes drücken, sodass an allen Seiten Panade haftet.
6. Die panierten Tofustücke in reichlich Pflanzenöl in einer großen Pfanne von beiden Seiten knusprig ausbacken.
7. Wer mag, kann die Burger-Brötchen kurz toasten.
8. Zuerst etwas von der Mayo auf den Boden des Burgers geben. Darauf 1–2 Salatblätter, die Gurke und den Senf verteilen. Dann die panierten Tofustücke darauflegen – je nach Belieben 1–2 Stück pro Burger. Nun auf den Deckel wieder etwas Mayo streichen und darauf die Oliven und Pinienkerne geben. So fallen diese auch nicht herunter. Wer mag, kann noch etwas Limettensaft über die panierten Tofustücke geben. Jetzt zuklappen und fertig.

*Das Rezept lässt sich leicht anpassen, falls ihr mehr oder weniger Burger zubereiten möchtet. Übrigens könnt ihr Schnittlauch auch ganz easy mit einer sauberen Schere klein schneiden. Ihr könnt die Burger-Brötchen auch durch andere austauschen, falls ihr lieber eine andere Sorte bevorzugt. Dieses Rezept habe ich auch im Outdoor Studio gefilmt und ihr könnt es euch auf meinem Instagram-Account anschauen.*

# OUTDOOR DINNER

Ich habe das Frühjahrs-Dinner im Freien an einem wunderschönen Frühjahrstag gehalten. (Ihr könnt es natürlich auch nach drinnen verlegen.) Die Leinendecken flatterten im Wind und die Lampions passten supergut zu den Akeleien aus dem Garten. Angefangen haben wir mit der Erdbeertorte, dazu gab es Cappuccino und jeder konnte sein eigenes Bild malen: Am Platz hatte jeder eine kleine Leinwand mit Staffelei; die Pinsel, Wassergläser und Farben standen auf dem Tisch. Für die Farben und das Wasser habe ich einfach leere gespülte Joghurtgläser & Co. verwendet. Zum Abendessen wurde dann noch ein alkoholfreier Prosecco mit Erdbeere serviert und auf dem Tisch stand Wasser mit Holundersirup verfeinert.

# TIPPS FÜR EIN FRÜHJAHRS-OUTDOOR-DINNER

- Falls ihr das Dinner im Freien veranstaltet, dann legt das Datum eher auf das Ende des Frühjahrs, denn da ist es schon schön warm zum Draußensitzen und alles blüht ganz wundervoll. Falls ihr einen Garten habt, könnt ihr dort eure Blumen holen.
- Sucht euch saisonale Highlights heraus wie Erdbeeren, Holunder und Spargel und baut eurer Menü drum herum.
- Überlegt euch im Voraus, mit was ihr anfangen wollt, z. B. wie bei uns mit dem Kuchen, und stellt dann nur dieses Geschirr auf den Tisch. Sonst wird es zu voll.
- Macht es euch nicht zu schwer; allein von den angebratenen kleinen Kartoffeln war schon jeder beeindruckt. Ihr müsst kein megaaufwendiges Menü kochen und ihr dürft nicht vergessen, dass eine Torte auch sättigt.
- Weniger ist mehr bei der Tischdeko. Wenn noch die Gastgeschenke auf dem Tisch stehen und wie in diesem Fall auch die Farben, Leinwände & Co, dann reichen zwei mittig platzierte Blumenvasen und Kerzen.
- Überlegt euch ein Farbthema, für das ihr schon die meisten Sachen zu Hause habt, die ihr gut kombinieren könnt. Es müssen nicht exakt dieselben Farben sein; sie sollten nur miteinander harmonieren.
- Bereitet so viel wie möglich vorher vor: das Dressing, den Dip, die gekochten Kartoffeln. Die Gastgeschenke sind auch gut vorzubereiten. Ich würde mit dem Backen der Tortenböden anfangen und die frischen Gerichte wie Spargel und Salat erst kurz vor dem Dinner zubereiten.
- Kerzen sorgen bei Dämmerung für eine schöne Stimmung und wer mag, kann auch Decken in einem Korb bereitstellen, falls es abends mal länger geht und frisch wird.
- Am Abend haben wir die Namensanhänger aus Papier an den Gläsern befestigt, somit wusste auch immer jeder, welches sein Glas war, was ich auch superpraktisch finde. Das lohnt sich vor allem bei mehreren Gästen.
- Das Dinner sollte nicht nur für eure Gäste sein, sondern auch ihr als Gastgeber:in dürft euch die Zeit nehmen, alles zu genießen. Daher ist zum Beispiel die Zeit, wenn der Kuchen serviert wurde und die Leinwände angemalt werden, super für euch als Gastgeber:in, weil ihr da auch selbst am Geschehen teilnehmen könnt. Für den Hauptgang habt ihr ja schon einiges vorbereitet. Scheut euch nicht, ein oder zwei Helfer beim Tischabräumen, Neueindecken und Essenauftragen um Hilfe zu bitten. Wichtig ist es, eine schöne Zeit zu haben. Genießt sie in vollen Zügen.

# GAST-GESCHENKE

Beim Frühjahrs-Dinner habe ich mich für drei Gastgeschenke pro Person entschieden. Einmal für jeden ein Erdbeerpflänzchen (Monatserdbeere), was auch die Erdbeertorte wieder aufgreift und auch später noch für kulinarische Freude sorgt, wenn man die Früchte ernten kann. Die Töpfe hatte ich noch da und musste somit nur die Erdbeerpflänzchen kaufen. Im gekauften Topf waren bei mir immer zwei große Pflanzen, die ich somit teilen konnte, sodass ich nur drei Erdbeerpflanzen für sechs Töpfe brauchte. Falls ihr in eurem Garten genügend kleine Erdbeerpflanzen habt, könntet ihr sogar ein paar ausgraben. Die Cannelés habe ich frühlingshaft mit dem Holunder verfeinert. Sie sind auch ein tolles Gastgeschenk, um gleich etwas zum Naschen zu haben; ein Gesprächsthema hat man damit auch gleich, und wer sich zurückhalten kann, hat sogar noch was für zu Hause. Ich hatte vorher noch nie Cannelés gebacken und bin restlos begeistert. In einer kleinen Papiertüte verpackt, sehen sie hübsch aus, und daran habe ich auch das Namensschild befestigt; so konnte jeder leicht seinen Platz finden. Ich wollte auch unbedingt noch eine spielerische/kreative Kompetente, und da ich die kleinen Leinwände zu Hause hatte, kam mir die Idee, dass jeder ein frühlingshaftes Bild malen kann und dann auch eine schöne Erinnerung hat, oder die Gäste können es sich gegenseitig schenken.

Somit war es am Ende ein schönes Set aus selbst bemalter Leinwand, die an den Abend/Nachmittag erinnert, den Erdbeerpflanzen, von denen man noch einige Monate/Jahre etwas hat und die Cannelés, die unverschämt lecker schmecken.

# CANNELÉS

Für 30 Cannelés (5 Cannelés pro Person für 6 Gäste)

*Was ihr dafür benötigt:*
Cannelés-Form

*Für die Cannelés:*
500 ml Milch
3 Holunderblüten
2 Eigelb
1 Ei
220 g feiner Rohrohrzucker
1 EL Vanillemark/-paste
150 g Dinkelmehl (Typ 630)
30 g geschmolzene Butter + Butter zum Fetten der Form/Förmchen

1. Die Milch zusammen mit den abgeschüttelten Holunderblüten in einem Topf kurz aufkochen. Die Milch 15–20 Minuten durchziehen lassen und durch ein Sieb in einen anderen Topf abgießen. Dann noch einmal kurz aufkochen.
2. In einer großen Schüssel die Eigelbe und das Ei mit dem Zucker und der Vanillepaste mit dem Rührgerät cremig schlagen, bis die Masse hell ist. Die Hälfte der Milch unter ständigem Rühren hinzugeben. Dann peu à peu das Mehl und anschließend die restliche Milch einrühren. Zum Schluss die Butter einrühren. Abgedeckt im Kühlschrank für ca. 12 Stunden ruhen lassen.
3. Den Backofen auf 240 °C Ober-/Unterhitze vorheizen.
4. Den Teig noch einmal gut umrühren. Das geht gut mit einem Schneebesen. Die Form oder Förmchen mit Butter fetten und mit dem Teig befüllen. Auf einem Gitter auf der untersten Stufe bei 190 °C ca. 40 Minuten backen.
5. Kurz in der Form lassen und danach auf einem Kuchengitter vollständig abkühlen lassen. Wenn ihr keine Backform für 30 Cannelés habt, könnt ihr diese auch nacheinander backen. Nur die Teigreste entfernen und die Form nochmal neu buttern, bevor ihr den restlichen Teig einfüllt.

# ERDBEER-HOLUNDER-TORTE

*Als diese hübsche Erdbeertorte auf dem Tisch stand, hat sie mich irgendwie an eine Eisbombe oder an das schwedische Midsommar-Fest erinnert, wo man auch oft Erdbeerkuchen oder Erdbeertorte serviert. Diese cremig-fruchtige Erdbeertorte ist einfach gemacht und unglaublich köstlich. Mit Erdbeeren und Holunderblüten dekoriert, ist sie superschön anzusehen und macht sich ganz wunderbar auf der Dinnertafel. Sie kann sowohl vorab zum Kaffee serviert werden als auch als Nachtisch.*

Für 1 Torte

*Was ihr dafür benötigt:*
Backform (19,5 cm Durchmesser und ca. 7,5 cm hoch)
Tortenbodenteiler/Draht
Tortenplatte
Streichpalette

*Für die Böden:*
3 Eier
120 g feiner Rohrohrzucker
1 Pck. Bourbon-Vanillezucker
75 g weiche Butter
150 g griechischer Joghurt
200 ml Milch
100 g blanchierte gemahlene Mandeln
270 g Dinkelmehl (Type 630)
¾ Pck. Backpulver

*Für die Creme:*
500 g Mascarpone
250 g Quark (Magerstufe)
6 EL Holunderblütensirup
2 EL Lemon Curd
1 Pck. Bourbon-Vanillezucker
2 EL feiner Rohrohrzucker

*Für die Toppings:*
375 g kleine Erdbeeren
2–3 EL Holunderblütensirup
Puderzucker
Holunderblüten
Puderzucker

1. Den Backofen auf 175 °C Ober-/Unterhitze vorheizen.
2. Die Eier mit dem Rohrohrzucker und dem Vanillezucker in einer Rührschüssel schaumig schlagen. Dann die weiche Butter hinzufügen und weiterrühren. Den Joghurt und danach die Milch und die Mandeln einrühren. Zum Schluss das Mehl mit dem Backpulver vermengen und unter ständigem Rühren hinzugeben.
3. Die Backform etwas nass machen und mit Backpapier auskleiden.
4. Den Teig in die Form füllen und im Backofen auf einem Rost für ca. 45–50 Minuten fertig backen (Stäbchenprobe anwenden). Kurz in der Form abkühlen und dann auf einem Kuchengitter vollständig auskühlen lassen.
5. Mascarpone, Quark, Holunderblütensirup, Lemon Curd, Vanillezucker und feinen Rohrohrzucker in einer Rührschüssel cremig schlagen.
6. Den ausgekühlten Boden mit dem Tortenbodenteiler oder einem Draht halbieren.
7. Zwei Drittel der Erdbeeren klein schneiden und ein paar davon für die Deko halbieren. Die klein geschnittenen Erdbeeren mit 2–3 EL Holunderblütensirup vermengen.
8. Den unteren Boden auf die Tortenplatte setzen. Mit der Creme bestreichen und darauf die klein geschnittenen Erdbeeren geben. Dann den zweiten Boden daraufsetzen. Mit der restlichen Creme die Torte komplett einkleiden. On top die übrigen Erdbeeren setzen. Darauf die Holunderblüten verteilen und mit Puderzucker bestäuben.

♡ *Wer keine Tortenplatte zu Hause hat, kann es sich auch einfach machen und die Torte auf einem großen Teller servieren. Falls ihr trotzdem Höhe wollt, einfach eine kleine Schüssel verkehrt herum darunter stellen.*

# FRÜHLINGSSALAT

*Der Salat bringt eine schöne frische Komponente auf den Dinner-Tisch und ist im Nu zubereitet. Für das Salat-Dressing benutze ich oft Marmelade; sie bringt sowohl eine fruchtige als auch eine süße Note ins Dressing und balanciert schön die Schärfe des Senfs und die Säure des Balsamicoessigs aus. Auch frische Kräuter wie Schnittlauch und Zitronenmelisse passen hervorragend zum Frühlingssalat. Ich liebe ja auch Mozzarella-Kugeln und finde sie auch optisch ein Highlight. Als Oliven-Fan dürfen bei mir auch die Oliven nicht fehlen; das ist aber optional.*

Für 6 Portionen

*Für das Dressing:*
5 EL Olivenöl
5 EL weißer Balsamicoessig
2 EL Zitronensaft
3–4 gehäufte EL Aprikosen- oder Pfirsichmarmelade
2 gehäufte TL Dijon-Senf
Pfeffer
Fleur de Sel
etwas Schnittlauch
etwas Zitronenmelisse

*Für den Salat:*
¾ Kopf grüner Eichblattsalat oder Kopfsalat
2 Hände voll Rucola
2–3 bunte Radieschen
ca. 250 g grüne Oliven (optional mit Kräutern mariniert)
1 Pck. Mini-Mozzarella-Kugeln

1. Olivenöl, Balsamico, Zitronensaft, Marmelade und Senf in ein Einmachglas eben. Mit Pfeffer und Fleur de Sel würzen und dann verschließen und schütteln oder mit einer Gabel vermengen. Das geht auch in einer kleinen Schüssel. Nun die Kräuter klein schneiden und dazugeben, alles vermengen und zur Seite stellen.
2. Den Salat waschen und in handliche Stücke teilen, den Rucola ebenfalls waschen. Bei den Radieschen die Enden abtrennen. Die Radieschen mit einem Gemüsehobel in dünne Scheiben hobeln.
3. Zuerst die Salatblätter auf einen großen Teller oder in eine Salatschüssel legen. Darauf den Rucola und die Radieschen verteilen. On top die Oliven und Mozzarella-Kugeln geben. Zum Schluss das Dressing darübergießen.

♡ *Das Dressing könnt ihr in einem Schraubglas zubereiten und erst kurz vor dem Servieren über den Salat geben. Vorher nochmals das Glas schütteln, damit sich alles vermischt. Da nicht jeder Oliven mag, könnte man diese auch in einem extra Schälchen servieren.*

# GERÖSTETE MINI-KARTOFFELN MIT FRÜHLINGS-QUARK-DIP

*Die angerösteten Mini-Kartoffeln sind so lecker und passen super zum grünen Spargel und dem Frühlingsquark. Sie in der Pfanne in Olivenöl anzubraten, zu rösten und ordentlich zu würzen, macht eine Menge aus. Der Frühlings-Quark-Dip ist erfrischend und eine tolle Ergänzung zu den Röstkartoffeln und dem zitronigen Spargel mit den Mandelblättchen.*

Für 6 Personen

*Für die Mini-Kartoffeln:*
1 kg gekochte festkochende Mini-Kartoffeln
Olivenöl
Pfeffer
Fleur de Sel
getrockneter oder frischer Thymian

*Für das Topping:*
etwas klein gehackte glatte Petersilie

1. Die vorgekochten Kartoffeln schälen und halbieren.
2. Reichlich Olivenöl in eine große Pfanne geben und die Kartoffeln ausgiebig von beiden Seiten langsam rösten. Zuerst auf hoher Temperatur und dann diese herunterdrehen.
3. Mit ausreichend Pfeffer, Salz und Thymian würzen. Sie sollten schön knusprig sein und jede Kartoffel sollte von den Gewürzen etwas abbekommen.
4. Die Kartoffeln auf einer Platte servieren und etwas glatte Petersilie grob darüberrupfen.

*Für den Frühlingsquark:*
etwas glatte Petersilie
etwas Schnittlauch
500 g Quark (Magerstufe)
150 g griechischer Joghurt
Pfeffer
Kräutersalz
etwas Honig
etwas Zitronenabrieb

*Für die Toppings:*
rote Rettichkresse
1 kleine Frühlingszwiebel
etwas Pfeffer

1. Etwas glatte Petersilie und Schnittlauch klein schneiden. Den Quark zusammen mit dem griechischen Joghurt in eine Schüssel geben. Die Gewürze sowie etwas Honig und Zitronenabrieb dazugeben. Alles miteinander vermengen und zum Schluss die Kräuter unterrühren.
2. Auf einer Platte oder Schüssel servieren und mit roter Rettichkresse, klein geschnittener Frühlingszwiebel und etwas frischem Pfeffer toppen.

# GRÜNER ZITRONEN-MANDEL-SPARGEL

*Grüner Spargel passt super zu einem Frühjahrs-Dinner, und dieser hier ist so leicht bekömmlich mit der frischen Zitrone. Die angerösteten Mandelblättchen passen hervorragend dazu. Am besten zu den Röstkartoffeln zubereiten und dann heiß servieren. Auf der Servierplatte sieht der Spargel sehr hübsch aus und passt ganz wunderbar auf die Dinner-Tafel.*

Für 6 Portionen

*Für den Spargel:*
1 Bund grüner Spargel
2 Schalotten
Olivenöl
Zitronensaft
Zitronenabrieb
Pfeffer
rosa Himalayasalz
frischer oder getrockneter Thymian
etwas Honig (optional)
150–200 ml Wasser

*Für die Toppings:*
30–50 g Mandelblättchen
etwas Parmesan (oder als vegetarische Variante z. B. Montello)
1–2 Zitronenscheiben

1. Den Spargel waschen und die holzigen Enden entfernen. Den unteren Teil des Spargels schälen (dadurch wird er zarter).
2. Die Schalotten schälen und in dünne Streifen/Ringe schneiden.
3. Ordentlich Olivenöl in eine Pfanne geben und die Schalotten kurz darin andünsten. Den Spargel dazugeben und auch kurz mit anbraten. Die Temperatur herunterdrehen und Zitronensaft, Zitronenabrieb, Gewürze und optional etwas Honig hinzugeben und zum Schluss das Wasser hinzufügen. Etwa ein Drittel des Spargels sollte im Wasser liegen. Darin andünsten/schmoren und immer wieder wenden, bis der Spargel bissfest gegart ist. Falls nötig, nachwürzen oder etwas mehr Wasser hinzufügen, falls dieses zu schnell verdampft. Am Ende ist noch etwas Spargelsaft übrig.
4. Parallel dazu in einer Pfanne ohne Fett die Mandelblättchen bräunen.
5. Den Spargel auf eine Servierplatte geben. Darauf die Mandelblättchen streuen, Parmesan darüberhobeln, 1–2 Zitronenscheiben darauflegen und leicht andrücken.

♡ *Sogar kalt serviert schmeckt der grüne Spargel fantastisch und erfrischend. Da es vorher die Torte und dazu andere Beilagen gab, hat uns ein Bund Spargel gereicht. Ihr könnt sonst das Rezept verdoppeln, falls ihr für 6 Personen mehr Spargel servieren möchtet.*

Sommer,

deine magischen Momente
möchte man für immer einfangen.

Ich liebe den Sommer mit seiner saisonalen Vielfalt, wie es überall blüht und die Natur uns eine solche Fülle bietet. Wie es um uns summt und der Wind durch die Leinentischdecke weht und wir voller Genuss ein Stück Torte essen. Wie wir in Flüssen baden, barfuß über den Kiesweg gehen und die Kirschen vom Baum pflücken. Wie der kühle Eistee uns erfrischt, nachdem wir eine Runde Baden im Fluss waren. Ich liebe es, morgens in den Garten zu gehen, um zu schauen, wie weit das Gemüse ist, und dann daraus eine Pizza mit gelber Zucchini zuzubereiten. Das Eis, das wir genießen, wird uns noch ewig an den wunderschönen Urlaub erinnern und uns ein Lächeln aufs Gesicht zaubern. Sommer, du hübsches Ding, du bist wie ein Duft, den wir ewig mit uns tragen wollen. Ein Gefühl von Wärme, Licht und Freiheit.

# Sommer-Café

# KÖSTLICHE PFIRSICH-QUARK-TORTE

*Diesen wunderschönen Nachmittag in dem bezaubernd blühenden Garten werde ich nie vergessen. Das Abendlicht tauchte unseren Kaffeetisch in ein wunderbares Licht und zusammen mit einer Tasse Cappuccino genossen wir die Pfirsich-Quark-Torte, die einfach Sommer pur ist. Die Quarkcreme hat so etwas erfrischend Leichtes und Cremiges, sodass man gar nicht genug davon bekommt, und die saftigen fruchtigen Pfirsiche sind eine tolle Kombination dazu. Definitiv eine Lieblingstorte von mir.*

Für 1 Torte

*Was ihr dafür benötigt:*
Backform (19,5 cm breit, ca. 7,5 cm hoch)
Tortenbodenteiler/Draht
Tortenplatte
Streichpalette

*Für die Böden:*
3 Eier
150 g Rohrohrzucker
2 Pck. Bourbon-Vanillezucker
75 g Butter + Butter zum Fetten der Form
100 g gemahlene blanchierte Mandeln
200 ml Milch
350 g Weizenmehl (Type 405)
½ Pck. Backpulver

*Für die Creme & Füllung:*
250 g Quark (Magerstufe)
500 g Topfen (alternativ abgetropfter Magerquark)
250 g Mascarpone
10 EL Sahne
2 Pck. Bourbon Vanillezucker
5–6 EL Rohrohrzucker
etwas Zitronenabrieb

*Für die Toppings:*
3 Pfirsiche
2 EL Pfirsichmarmelade
ungiftige Blumen, z. B. Dahlien und Strohblumen

1. Den Backofen auf 175 °C Ober-/Unterhitze vorheizen.
2. Die Eier mit dem Rohrohrzucker und dem Vanillezucker in einer Schüssel mit einem Rührgerät schaumig schlagen. Die Butter in Stückchen hinzugeben und grob untermischen. Die Mandeln und die Milch hinzugeben und verrühren. Jetzt noch das Mehl mit dem Backpulver vermengen und nach und nach unterrühren, bis ein halbwegs glatter Teig entsteht.
3. Die Backform mit reichlich Butter einfetten und den Teig einfüllen. Auf der mittleren Schiene auf dem Backrost ca. 55–60 Minuten backen. Stäbchenprobe anwenden.
4. Die Backform kurz auf einem Kuchengitter abkühlen lassen, dann mit einem Messer einmal um den Kuchen fahren. Stürzen, einen nassen Lappen darauflegen und warten, bis der Kuchen selbst aus der Form rutscht. Dann den Kuchen richtig herum auf dem Kuchengitter vollständig abkühlen lassen. Mit dem Draht halbieren, sodass ihr zwei gleich große Böden habt. Sollten diese noch etwas warm sein, vollständig abkühlen lassen.
5. Für die Creme alle Zutaten in eine Rührschüssel geben und cremig rühren. Bis zum Gebrauch in den Kühlschrank stellen.
6. Die Pfirsiche in dünne Schnitze schneiden und zusammen mit der Marmelade im Topf erhitzen. Unter ständigem Rühren bei niedriger Hitze ca. 10–15 Minuten durchziehen lassen.
7. Den ersten Tortenboden auf die Tortenplatte geben. Darauf ca. 40 Prozent der Creme streichen und mit Pfirsichschnitzen bedecken, dabei einige für die Dekoration aufbewahren. Den zweiten Boden daraufsetzen und mit der restlichen Creme komplett einstreichen. Es darf für den rustikalen Look auch gerne etwas von den Böden an den Seiten zu sehen sein. On top mittig die restlichen Pfirsichschnitze platzieren und mit Dahlien und Strohblumen dekorieren.

♡ *Aus der Creme, den Pfirsichen und ein paar Löffelbiskuits lässt sich auch ein Sommernachtisch zaubern. Dazu die Zutaten für die Creme mit dem Rührgerät cremig schlagen und eine Schicht in ein Dessertglas, ein schönes Einmachglas oder ein Stielglas geben. Darauf 1 Löffelbiskuit zerkrümeln und nochmal etwas Creme, on top die warmen Pfirsiche geben. Hier könnt ihr auch Pfirsiche, Nektarinen und Aprikosen mixen. So lecker!*

# Süße Rezepte

NATURAL BLENDED
SOY WAX

# HIMMLISCHE PFIRSICH-GALETTES

*Von diesen Pfirsich-Galettes träume ich noch heute. Unfassbar aromatisch und so lecker! Wenn man sie noch lauwarm isst und dazu eine Kugel Karamelleis, kann man sein Glück kaum fassen. Versprochen. Damit kann man auch anderen eine Freude machen und eine Galette verschenken. Stellt euch einen wunderschönen Sommertag vor: Ein leichter Wind weht, der wilde Jasmin im Garten verströmt seinen Duft und die Galette kommt frisch aus dem Ofen. Der erste Bissen ist so aromatisch, das Karamelleis läuft über die noch warmen Pfirsiche und es entsteht eine leckere Symbiose aus Eis und Galette. Das Tolle daran ist, dass die Früchte auch im Rand sind – das ist so ein himmlisches Geschmackserlebnis.*

Für 3 kleinere Galettes

*Für den Teig:*
ca. 370 g Dinkelmehl + etwas zum Ausrollen
100 g gemahlene blanchierte Mandeln
1 Msp. Salz
150 g kalte Butter in Stücken
80 g Rohrohrzucker
1 Pck. Bourbon-Vanillezucker
200 ml kaltes Wasser

*Für den Belag:*
1 kg Pfirsiche
1 TL Zitronensaft
Zitronenabrieb
2 Pck. Bourbon-Vanillezucker
2 EL Rohrohrzucker
200 g Sahne

*Für die Toppings:*
Mandelstifte
Puderzucker
Eis, z. B. Karamelleis

1. Alle Zutaten für den Teig nacheinander in eine Rührschüssel geben und mit den Händen kneten. Falls nötig, noch etwas Mehl hinzugeben. Dann den Teig in Frischhaltefolie wickeln oder in einer abgedeckten Schüssel für 2 Stunden in den Kühlschrank stellen.
2. Nach der Teigruhe den Backofen auf 200 °C Ober-/Unterhitze vorheizen.
3. Die Pfirsiche in schmale Schnitze schneiden und in einer Schüssel mit dem Zitronensaft und -abrieb, dem Vanillezucker und 1 EL Rohrohrzucker mischen.
4. 2 Backbleche mit Backpapier auslegen.
5. Den Teig in 3 Stücke teilen und jeweils auf einer bemehlten Fläche nacheinander mit einem Wellholz kreisförmig relativ dünn ausrollen.
6. In der Mitte jeweils die Pfirsiche im Uhrzeigersinn auflegen und am Ende eine Reihe einmal rund um die anderen Pfirsiche legen mit genügend Platz zum Rand. Danach den Rand über die letzte Reihe Pfirsiche schlagen.
7. Die Sahne und 1 EL Rohrohrzucker in einer Schüssel mixen und mit einem Pinsel die Glasur auf den Teigrand aufbringen. Achtet darauf, dass die Sahne nicht zu sehr nach unten fließt, denn sonst wird der Rand etwas braun.
8. Jede Galette für ca. 35–40 Minuten goldbraun backen. Ihr könnt, wenn der Rand dabei ist, zu dunkel zu werden, diesen mit Backpapier abdecken.
9. Die Galettes abkühlen lassen oder lauwarm servieren. Mit Mandelstiften bestreuen und mit Puderzucker bestäuben. Das Eis dazu oder on top servieren.

♡ *Manchmal kann ich es kaum abwarten und esse das erste Stück noch ofenwarm. Wenn dann die Kugel Eis daraufkommt, schmilzt diese – es ist so eine leckere Kombination aus den noch warmen Pfirsichen und dem geschmolzenen Eis. Probiert es aus!*

# APRIKOSEN-PIE MIT SAHNE UND KARAMELL

*Das war so ein schönes Bild, als der Aprikosen-Pie in der Abendsonne auf dem Holztisch im Garten stand. Er war mit Puderzucker bestäubt und mit Lavendelblüten dekoriert und es roch nach Sommer. Die Aprikosen hatten noch eine leichte Säure und dazu harmonierte die mit Lavendelhonig gesüßte Sahne so gut. Der Klecks Karamell war dann noch das i-Tüpfelchen. Ich konnte gar nicht abwarten und genoss das erste Stück noch ganz warm.*

Für 1 Pie

*Was ihr dafür benötigt:*
Pie-Form (26 cm Durchmesser)

*Für den Boden:*
200 g Dinkelmehl (Type 630)
½ TL rosa Kristallsalz
100 g kalte Butterwürfel + Butter zum Fetten der Form
1 EL Rohrohrzucker
60 ml kaltes Wasser

*Für die Füllung:*
1 kg Aprikosen
4 ½ EL Lavendelhonig

*Für die Toppings:*
200 g Sahne + etwas mehr zum Bepinseln
etwas Rohrohrzucker
Puderzucker
Lavendelblüten
1 EL Lavendelblütenhonig
salziger Karamellaufstrich

1. Das Mehl mit dem Salz in eine große Schüssel geben und mischen. Dann die Butter und den Zucker hinzufügen und mit den Händen kneten, bis nur noch kleine Butterstücke vorhanden sind. Das Wasser nach und nach hinzugeben und das Ganze mit den Fingern zu einem Teig kneten. Abgedeckt für 1 Stunde kalt stellen.
2. Die Aprikosen entkernen und in feine Schnitze schneiden. In eine kleine Schüssel geben. Den Honig darübergeben und alles vermengen.
3. Den Backofen auf 190 °C Ober-/Unterhitze vorheizen.
4. Den Teig auf einer bemehlten Fläche mit einem bemehlten Wellholz etwas größer als die Pie-Form ausrollen, sodass die Ränder überlappen und der Boden relativ dünn ist. (Die Seiten dürfen gerne etwas dicker sein, dann wird es ein schön knuspriger Rand.)
5. Die Pie-Form mit reichlich Butter einfetten, den Teig in die Form legen und entlang des Randes abschneiden und dann wellenförmig den Rand anlegen/zurechtformen. Mit einer Gabel Löcher in den Boden stechen, damit genügend Hitze durchkommt.
6. Die Aprikosen auf den Boden legen. Wer mag, kann aus übrigem Teig ein paar Teigbahnen schneiden und diese als Gitter auf den Teig legen. Falls ihr nur einzelne Teigreste übrig habt, diese wieder zu einer Kugel formen, erneut auswellen und in Teigbahnen zurechtschneiden.
7. Nun mit einem Pinsel Sahne auf den Rand und oben auf die Teigbahnen auftragen. Darüber den Rohrohrzucker streuen.
8. Für ca. 15 Minuten auf einem Rost auf der untersten Schiene backen, dann die Temperatur auf 175 °C reduzieren und für weitere 20–25 Minuten fertig backen. Sollte der Rand schon dunkel werden, diesen mit einem Backpapier abdecken und ggf. die Temperatur etwas herunterdrehen.
9. Den Pie abkühlen lassen, dann mit Puderzucker bestäuben und mit Lavendelblüten dekorieren.
10. Die Sahne mit dem Lavendelblütenhonig steif schlagen und dazu servieren. Beim Servieren auf den Pie etwas Sahne geben und on top einen Klecks von dem köstlichen salzigen Karamellaufstrich.

♡ *Die salzige Karamellcreme gibt es in Supermärkten. Alternativ geht auch eine Karamellsauce. Natürlich schmeckt der Pie auch nur mit einem Klecks Honigsahne, oder auch eine Kugel Eis kann ich mir supergut vorstellen.*

# SOMMER-WAFFELN MIT LIMETTENCREME UND HIMBEEREN

*Diese Sommer-Waffeln sind superlecker zum Nachtisch oder Nachmittagskaffee – dazu schmeckt eine Iced Latte. Durch die kühle Creme sind sie perfekt für den Sommer. Wenn man dann auch noch vorher die Himbeeren frisch im Garten pflücken kann, ist das wunderschön.*

Für ca. 10–12 kleinere Waffeln

*Für die Creme:*
125 g Quark (Rahmstufe)
250 g Mascarpone
3 EL Sahne
2 EL feiner Rohrohrzucker
Saft von ½ Limette
etwas Limettenabrieb

*Für die Waffeln:*
2 kleine Eier
200 g Dinkelmehl (Type 630) +
2 EL Mehl
1 EL Vanillepaste
2 EL feiner Rohrohrzucker
200 ml Milch
125 g Quark (Rahmstufe)
1 Prise Salz
geschmacksneutrales Pflanzenöl zum Ausbacken

*Für die Toppings:*
Puderzucker
frische Himbeeren
halbe Limettenscheiben oder
Limettenabrieb (optional)

1. Alle Zutaten für die Creme in eine kleine Schüssel geben und mit einem Rührgerät oder Schneebesen cremig rühren.
2. Eier, Mehl, Vanillepaste, Rohrohrzucker und Milch in eine Rührschüssel geben und mit einem Rührgerät verrühren. Dann den Quark einrühren. Zum Schluss noch die 2 EL Mehl und das Salz hinzugeben. Alles zu einem homogenen Teig verrühren.
3. Das Waffeleisen einfetten und immer einen kleinen Klecks in die Mitte geben, am besten in ein belgisches Waffeleisen. Kleine Waffelkleckse ausbacken. Wer sie größer mag, kann auch mehr Teig auf einmal ausbacken.
4. Die Waffeln am besten frisch servieren und nacheinander ausbacken. Mit Puderzucker bestäuben. Einen Klecks Creme und Himbeeren daraufgeben, und wer mag, kann eine halbe Limettenscheibe als Deko on top geben oder auch etwas Limettenabrieb darüberreiben.

♡ *Waffelteig hält sich auch über Nacht im Kühlschrank frisch. Vor dem Ausbacken nochmals kräftig umrühren. Ihr könnt auch alle Waffeln ausbacken und die übrig gebliebenen in eine Brotdose geben, im Kühlschrank aufbewahren und am nächsten Tag vor dem Verzehr zweimal toasten. So lecker!*

# KIRSCH-ZARTBITTER-COOKIE-EIS

*Dieses Eis funktioniert ganz ohne Eismaschine, und die Kombination aus Kirsche, Zartbitterschokolade und Cookies ist ein Traum. Ihr könnt, wenn ihr wollt, auch ein paar der Kirschen ins Eis machen. Ich habe sie als Topping auf dem Eis, was sehr schön aussieht. Die Nachbarn durften auch ein paar Kugeln essen. Sie waren begeistert und dachten, ich hätte es in der Eismaschine gemacht. Der Trick ist, es immer wieder mit einer Gabel umzurühren.*

Für 2 Kastenformen

*Was ihr dafür benötigt:*
2 Kastenformen à 20,5 × 11 × 5,5 cm
(oder 1 größere Form)

*Für das Eis:*
400 g Sahne
300 ml Milch
130 g brauner Rohrzucker
4 Cookies mit 40 % Schokolade
ca. 20 g Zartbitterschokolade

*Für die Toppings:*
2 Cookies mit 40 % Schokolade
ca. 20 g Zartbitterschokolade
10–12 Kirschen

1. Die Formen ins Gefrierfach stellen.
2. Die Sahne fast steif schlagen. Dann in einer Rührschüssel mit der Milch und dem Zucker schaumig/cremig schlagen.
3. Die Cookies klein schneiden und die Zartbitterschokolade fein hacken, sodass aber noch kleine feine Stücke vorhanden sind. Gerne auch unterschiedlich groß.
4. Die Eiscreme in die 2 Formen füllen. Die Cookies und die Zartbitterschokolade hinzugeben und mit einer Gabel vermengen.
5. Dann ab damit ins Gefrierfach und in den ersten Stunden jede Stunde einmal mit der Gabel umrühren. Insgesamt habe ich das dreimal gemacht.
6. Dann für das Topping die Cookies und Zartbitterschokolade klein machen. Ein paar der Kirschen halbieren und die restlichen Kirschen in kleine Stücke schneiden. Das Topping auf dem Eis verteilen und leicht andrücken. Dann über Nacht im Gefrierschrank lassen.

♡ *Wen ihr mögt, könnt ihr auch schon einen Teil der Kirschen in die Eiscreme geben und diese untermengen. Beim Servieren könnt ihr am besten mit einem warmen Eisformer Kugeln formen.*

# VEGANES MANGO-MARACUJA-SORBET

VEGAN

*Genau das Richtige an einem heißen Sommertag. Geht blitzschnell und ist so fruchtig und erfrischend. Die frischen Himbeeren on top machen es perfekt.*

Für 2 große Portionen oder 4 kleine

*Für das Sorbet:*
2 reife Mangos
ca. 200 ml Mango-Maracuja-Nektar

*Für die Toppings:*
frische Himbeeren

1. Einen Tag vorher die Mangos in kleine Würfel schneiden und einfrieren.
2. Die gefrorenen Mangos zusammen mit dem Nektar in einen Mixer geben oder mit einem Stabmixer zu einem Sorbet mixen. Sollte es zu fest sein, ggf. noch mehr Nektar hinzugeben.
3. Mit frischen Himbeeren servieren.

♡ *Achtet darauf, reife Mangos zu nehmen: Die sind schön fruchtig und haben eine tolle Süße – das schmeckt man auch nachher im Sorbet.*

# ZITRONEN-HIMBEER-TIRAMISU

*Dieses Zitronen-Tiramisu mit Himbeeren ist Sommer- und Urlaubsgefühl pur. So zitronig und herrlich erfrischend! Im Sommer könnt ihr es gerne auch richtig kalt aus dem Kühlschrank servieren. Die fruchtigen Himbeeren on top passen super zu der zitronigen Note. Als wir in der Abendsonne, beim Duft der Gartenrose, jeder sein Stück Tiramisu mit einem Cappuccino genossen und der Bach leise an uns vorbeirauschte, mussten wir alle lächeln vor Glück, weil es so köstlich war. Da ist so eine kleine Form im Nu aufgegessen, aber zum Glück gibt es ja zwei.*

Für 4 Personen

*Was ihr dafür benötigt:*
2 kleine Formen (jeweils ca. 17 × 12 cm)

*Für Tiramisu:*
2 Zitronen
2 Pck. Bourbon-Vanillezucker
8 EL Rohrohrzucker
100 ml Wasser
500 g Mascarpone
400 g Sahne
14–15 Löffelbiskuits

*Für die Toppings:*
250 g Himbeeren
Zitronenzesten
Puderzucker

1. Die Zitronen auspressen und den Saft in einen kleinen Topf geben. Den Vanillezucker, 4 EL Rohrohrzucker und das Wasser hinzugeben. Unter Rühren aufkochen lassen und darauf achten, dass sich der ganze Zucker aufgelöst hat. Auf niedriger Temperatur 10–15 Minuten leicht köcheln lassen und immer wieder umrühren. Dann zur Seite stellen und abkühlen lassen.
2. Mascarpone, Sahne und 4 EL Rohrohrzucker in eine kleine Schüssel geben und mit einem Rührgerät cremig rühren.
3. Ein Drittel der Creme auf den Böden der Auflaufformen verteilen, glatt streichen und darauf jeweils eine Schicht Löffelbiskuit (pro Form etwa 7–8 Löffelbiskuits) legen. An den kurzen Enden die Löffelbiskuits in die entsprechende Länge brechen. Auf die 2 Formen aufgeteilt den Zitronenmix auf die Biskuits gießen, sodass die Löffelbiskuits sich damit vollsaugen können. Nun den Rest der Creme darauf verteilen und glatt streichen.
4. Die Himbeeren auf die Formen verteilen. Für mindestens 2 Stunden in den Kühlschrank stellen.
5. Vor dem Servieren ein paar Zitronenzesten auf dem Tiramisu verteilen und dieses mit Puderzucker bestäuben.

♡ *Natürlich könnt ihr auch eine große Form verwenden oder einfach das Rezept halbieren für nur eine Form. Das Tiramisu lässt sich wunderbar am Abend vorher zubereiten.*

# Sommer-Picknicks

# SPÄTSOMMER-PICKNICK

Der Spätsommer begrüßt uns mit angenehmen Temperaturen, und das sanfte Sonnenlicht der Septembersonne hüllt alles in ein magisches Licht. Mit Picknickdecke und einem Korb voller Köstlichkeiten machen wir uns nachmittags auf den Weg zu unserem Lieblingsplatz. Die Picknickdecke wird mit einem großen Schwung auf den Platz gelegt und aus dem Korb wandert eine Köstlichkeit nach der anderen auf den Teller. Die Cheddar-Waffel-Sandwiches schmecken köstlich, und ein paar Oliven und Früchte stehen auch bereit. Die kühle Blaubeerlimonade tut so gut, und unser Blick wandert immer wieder voller Bewunderung über die Hügel. Ein wenig Wehmut schleicht sich ein, denn das hier könnte das letzte Picknick der Saison sein. Doch alles ist vergessen, als wir die Aprikosen-Lavendel-Küchlein vernaschen, die schmecken, als wäre der Zauber des Sommers darin eingefangen. So langsam wird es kühler und der Kaffee kommt gerade richtig. Wir bleiben, bis die Sonne hinter dem Hügel verschwindet, und sind dankbar für diese wunderschönen Momente.

# CHEDDAR-WAFFEL-SANDWICHES

*Ich bin ein großer Fan der Cheddar-Waffel-Sandwiches; sie sind mal was ganz anderes im Picknickkorb. Ihr könnt sie zu Hause zubereiten oder vor Ort frisch belegen. Die Frischkäsecreme und all die frischen Toppings passen wunderbar zu den würzigen Waffeln und der fruchtige Essig verleiht den Feigen ein perfektes Aroma.*

Für 4 Sandwiches

*Für die Toppings:*
20 g Zedernüsse
etwas frischer Zitronenthymian
200 g sahniger Frischkäse
etwas Honig
Pfeffer
rosa Kristallsalz
ein paar Blätter Eichblattsalat
etwas Rucola
2 Feigen
Maracuja-Essig

*Für den Waffelteig:*
2 Eier
200 ml Milch
250 g Dinkelmehl (Type 630)
Pfeffer
Paprikapulver edelsüß
Kräutersalz
Fleur de Sel
100 ml Wasser mit Kohlensäure
1–2 EL klein geschnittener Schnittlauch
75 g geriebener Cheddar
geschmacksneutrales Pflanzenöl zum Ausbacken

*Dazu passen noch super:*
marinierte Oliven
Aprikosen
rote Trauben
Feigen

1. Die Zedernüsse klein hacken/schneiden. Die Blätter des Zitronenthymians abstreifen. Den sahnigen Frischkäse in eine kleine Schüssel geben, darauf die Zedernüsse, etwas Honig und den Zitronenthymian. Nun noch würzen und alles mit einer Gabel gut vermengen.
2. Den Salat und den Rucola waschen.
3. Für den Teig Eier, Milch, Dinkelmehl, Gewürze (damit nicht sparen) und Wasser mit Kohlensäure in eine Schüssel geben und mit einem Schneebesen zu einem klumpenfreien Teig verrühren. Den Schnittlauch unterrühren und zum Schluss den Cheddar unterheben.
4. Das Waffeleisen mit dem geschmacksneutralen Öl bepinseln und die Waffeln nacheinander knusprig ausbacken. Pro Seite des Waffeleisens ein paar Kleckse Teig geben. Das Ganze wiederholen, bis der komplette Teig aufgebraucht ist.
5. Die Sandwiches entweder jetzt noch zu Hause belegen oder alles einpacken.
6. Zuerst kommt der Aufstrich auf eine Waffel und darauf 1–2 Salatblätter und etwas Rucola. On top ein paar Scheiben von der Feige und über die Feigen etwas von dem Maracuja-Essig geben. Das Ganze pfeffern, dann mit einer zweiten Waffel das Sandwich zuklappen/vollenden. So mit allen 4 Sandwiches vorgehen.

♡ *Um die Waffeln vor Ort fertigzumachen, habe ich sie in eine Brotdose gepackt, die frischen Zutaten wie Salat, Rucola und Feigen in eine weitere und den Aufstrich in einem Einmachglas mitgenommen. Pfeffer und die kleine Essigflasche konnte ich so mitnehmen. Es gibt also beide Möglichkeiten. Es war auch toll, dazu Oliven, Trauben, Aprikosen und Feigen nebenher zu snacken. Natürlich könnt ihr dieses Rezept auch zu Hause genießen.*

# APRIKOSEN-MANDEL-KÜCHLEIN MIT LAVENDEL

*Diese saftigen Aprikosen-Mandel-Küchlein sind superaromatisch und erinnern an Urlaub, die Seele baumeln lassen, frische Aprikosen vom Markt genießen und Lavendelduft, der in der Luft hängt. Sie sind für ein Sommer-Picknick perfekt und können wunderbar transportiert werden. Dazu kann man eine Thermoskanne mit Kaffee mitnehmen und beim Sonnenuntergang die leckeren Küchlein genießen.*

Für ca. 6 Küchlein

*Was ihr dafür benötigt:*
6 kleine Förmchen 8,5 × 7,5 × 5 cm (Brioche-Förmchen)

*Für die Küchlein:*
220 g Aprikosen
6 große Lavendelblüten
5 EL + 150 g Rohrohrzucker
3 kleine Eier
75 g Butter + Butter zum Fetten der Förmchen
100 g blanchierte Mandeln
150 ml Sahne
100 g Dinkelmehl (Type 630)
2 TL Backpulver

*Für die Toppings:*
Mandelblättchen
Rohrohrzucker
Lavendelblüten als Deko (optional)

1. Die Aprikosen entkernen, in kleine Stücke schneiden und in eine kleine Schüssel geben. Mit 6 Lavendelblüten und 5 EL Zucker vermengen. Dann zur Seite stellen.
2. Den Backofen auf 175 °C Ober-/Unterhitze vorheizen.
3. Die Eier mit 150 g Zucker in einer Schüssel schaumig schlagen. Die Butter in Stücken hinzugeben und weiterrühren. Nun die blanchierten Mandeln und die Sahne hinzugeben und gut verrühren. Das Mehl mit dem Backpulver vermengen und unter ständigem Rühren hinzugeben. Alles zu einem homogenen Teig mixen.
4. Die Lavendelblüten aus den Aprikosen entfernen, die Aprikosen zu dem Teig geben und mit einem Löffel unterheben.
5. Die Förmchen mit ordentlich Butter einfetten und den Teig einfüllen. On top dann ein paar Mandelblättchen geben und darüber etwas Rohrohrzucker streuen.
6. Für ca. 20–25 Minuten auf einem Rost (mittlere Schiene) fertig backen. Der obere Teil sollte eine richtig schöne Farbe haben. Stäbchenprobe anwenden.
7. Die Küchlein nur kurz abkühlen und dann auf einem Kuchengitter auskühlen lassen. Wer mag, kann als Deko ein paar Lavendelblüten auf die Küchlein geben.

♡ *Diese Küchlein sind Sommer pur und können auch super zu Hause genossen werden. Eine Kugel Eis passt perfekt dazu.*

# BLAUBEER-LIMONADE

*Die fruchtige, erfrischende, mit Honig gesüßte Blaubeer-Limonade eignet sich wunderbar, um bei einem Picknick den Sommer noch einmal gebührend zu feiern. Wenn ihr das Rezept zu Hause genießt, könnt ihr auch ein paar Eiswürfel ins Glas geben. Die Blaubeer-Limonade zusammen mit den Cheddar-Waffel-Sandwiches und dem wunderschönen Ausblick zu genießen, war so ein himmlisches Erlebnis und für mich Sommer pur.*

Für 3–4 Flaschen à 225 ml

*Für die Limonade:*
2 Bio-Zitronen
ca. 250 g Blaubeeren
2–3 EL Blaubeermarmelade
2–3 EL Waldhonig
500 ml Wasser

*Zum Servieren:*
80 g Blaubeeren
etwas Waldhonig
kaltes Trinkwasser mit oder ohne Kohlensäure

1. Die Zitronen auspressen und den Zitronensaft in einen Topf geben. Die Schale der Zitronen abreiben und mit den gewaschenen Blaubeeren, der Blaubeermarmelade und dem Waldhonig in den Topf geben. Mit dem Wasser aufgießen und einmal aufkochen lassen. Nun die Temperatur herunterdrehen und für 10–15 Minuten auf niedriger Temperatur durchziehen lassen, dabei immer wieder umrühren. Jetzt probieren und ggf. nach Belieben noch etwas Honig oder Blaubeermarmelade hinzugeben. Dann zum Abkühlen zur Seite stellen.
2. Durch ein Sieb in eine Glaskaraffe passieren. Ein paar Stunden in den Kühlschrank stellen.
3. In jede Flasche ein paar Blaubeeren und etwas Honig geben. Entweder mit dem Stiel eines Löffels leicht andrücken oder ganz lassen. Dann in die Flaschen den Blaubeer-Zitronen-Mix geben und mit dem Trinkwasser aufgießen. Je nachdem, wie intensiv ihr die Limonade mögt, gebt ihr dementsprechend mehr oder weniger von dem Mix hinzu. Ich habe 500 ml kaltes Trinkwasser auf 4 Flaschen verteilt.

♡ *In den kleinen Flaschen war früher mal eine Kräuterlimonade, die ich im Supermarkt gekauft hatte, und jetzt kamen die gespülten Flaschen bei der Limonade wieder zum Einsatz. Die Schraubflaschen sind megapraktisch zum Mitnehmen, und auch, wenn man nicht alles austrinkt, kann man sie gut wieder einpacken. Mit den Blumen und Gräsern an den Flaschen sehen sie zudem sehr hübsch aus und sind farblich ein echter Hingucker.*

# GOLDEN-HOUR-SOMMER-PICKNICK

Wenn die Hitze des Tages langsam nachlässt und die Sonne tiefer steht, heißt es, die Picknickdecke und all die Köstlichkeiten einzupacken und ab geht es zu unserem Picknickplatz. Der Baum schützt noch vor den letzten warmen Sonnenstrahlen und wir genießen den lauen Sommerabend. Das Sommerkleid flattert beim Gehen und wir machen es uns richtig schön mit Kissen und handgemachter Keramik aus Portugal. Die Schüssel voll mit kunterbuntem Sommersalat, oberleckeren Curry-Kartoffel-Würfeln und einem so köstlichen und fruchtigen Dressing. Das ist jetzt im Sommer genau das Richtige, und die Kräuterbutter passt perfekt zum rustikalen Baguette. Die Zitronen-Limo hat noch eine schöne Kühle aus der Kühltasche und wir nehmen uns einen Schluck, bevor wir den Salat verteilen. Wir plaudern über den Tag, genießen die Natur und den Ausblick, und wir beobachten, wie die Sonne immer tiefer steht. Erst als der Abendhimmel alles in ein Farbenspektakel getaucht hat, packen wir die Picknickdecke zusammen. Wenn die Grillen anfangen zu zirpen, haben wir alles zusammengepackt, und ein Lächeln breitet sich auf unserem Gesicht aus beim Gedanken daran, wie schön es doch war.

# BUNTER SOMMERSALAT UND CURRY-KARTOFFELWÜRFEL

*Der Salat ist so köstlich. Er schmeckt richtig nach Sommer, und die fruchtige Salatsauce ist einfach der Oberhammer. Wenn ihr den Salat nicht zum Picknick mitnehmt, sondern zu Hause serviert, dann könnt ihr die Kartoffelwürfel auch ganz warm auf den Salat geben. Köstlich.*

Für 2–3 sättigende Portionen
oder 5–6 Beilagen-Portionen

*Für das Dressing:*
2 EL Olivenöl
1 EL weißer Balsamicoessig
1 EL Zitronensaft
1 EL Senf
1 EL Pfirsich-Maracuja-Marmelade
Pfeffer
Kräutersalz

*Für die Kartoffeln:*
6 kleine Kartoffeln
Olivenöl
1 TL Currypulver
Pfeffer
Kräutersalz

*Für den Salat:*
Blattsalat
1 mittelgroße Gurke
1 gelber Spitzpaprika
1 kleiner weißer Pfirsich und ein kleiner gelber Pfirsich
2 Handvoll gegarte Bohnen
2 Stängel Minze
3 EL Nussmix
1 Pck. Mini-Mozzarella-Kugeln

1. Als Erstes alle Zutaten für das Dressing gut miteinander vermixen und in einem Schraubglas aufbewahren.
2. Die Kartoffeln schälen und in kleine Würfel schneiden. In eine Pfanne reichlich Olivenöl geben und die Kartoffeln kurz auf hoher Temperatur leicht kross anbraten und mit Curry, Pfeffer und Kräutersalz würzen. Danach die Temperatur herunterdrehen und die Kartoffeln immer wieder wenden, bis sie von allen Seiten kross und gar sind.
3. Den Salat waschen und in grobe Stücke teilen. Dann die Gurke und den Paprika waschen, putzen und in kleine Würfel schneiden. Die Pfirsiche waschen, entsteinen und in Schnitze schneiden.
4. Den Salat zuerst in die Salatschüssel geben, darauf die Gurke und den Paprika und on top die Bohnen und die Pfirsiche geben. Etwas frische Minze und die Kartoffelwürfel und die Nüsse hinzufügen. Das Dressing nochmals gut schütteln und darübergeben. Zum Schluss noch die Mini-Mozzarella-Kugeln ergänzen.

*Bis auf die Mozzarella-Kugeln ist alles vegan. Die könnt ihr ganz leicht durch pflanzliche Alternativen ersetzen oder weglassen.*

# KRÄUTERBUTTER

*Für das Picknick habe ich eine oberleckere Kräuterbutter kreiert. Da mache ich immer gerne gleich eine größere Menge auf Vorrat. Damit kann man später zum Beispiel Kartoffeln oder Nudeln anbraten oder man kann sie auf einen Maiskolben geben. Für die Kräuterbutter kamen lauter Kräuter aus dem Garten und vom Balkon zum Einsatz. Da könnt ihr euch ganz nach Belieben austoben. Ich habe Schnittlauch, Zitronenthymian, Currykraut und Olivenkraut verwendet.*

Für etwa 260 g/1 Einmachglas

*Für die Kräuterbutter:*
250 g zimmerwarme Butter
2 Knoblauchzehen
Zitronenabrieb von ¼ Zitrone
2 Stängel Olivenkraut
1 Stängel Currykraut
2–3 Stängel Zitronenthymian
etwas Schnittlauch
Pfeffer
grobes (Kräuter-)Salz
Kräuterblüten (optional)

1. Die zimmerwarme Butter in eine Rührschüssel geben. Die Knoblauchzehen schälen und dazupressen oder in kleinen Würfeln dazugeben. Danach den Zitronenabrieb hinzufügen. Anschließend die Kräuter ggf. von den Stielen streifen, klein hacken und auch dazugeben.
2. Nun noch mit Pfeffer und (Kräuter-)Salz würzen. Mit einem Rührgerät oder alternativ einer Gabel alles miteinander mixen und in ein Schraubglas füllen. Ein paar Blüten, z. B. Oregano, sehen als Dekoration toll aus.

*Mit einer veganen Butter könnt ihr dieses Rezept vegan machen. Zur Kräuterbutter passt ein Dinkelbaguette hervorragend.*

# Outdoor Studio Sommer

OUTDOOR STUDIO

# OUTDOOR STUDIO SOMMER

Von Weitem sehe ich schon die blaue Hütte durch die grünen Bäume, und meine Schritte werden schneller. Auf dem Feldweg geht es vorbei an den hohen Feldern, und die Luft riecht nach Sommer. Mein blaues Kleid schwingt bei jedem Schritt, und in meinem Rucksack habe ich all die saisonalen Zutaten dabei, um gleich vor der blauen Hütte zu kochen. Ich schließe das Gartentor auf, und angenehmere Temperaturen warten auf mich, denn das Outdoor Studio hat eine eigene Klimazone. Man fühlt sich dort wie in einer anderen Welt und der Natur ganz nah. Als Erstes stelle ich immer mein Gepäck ab und hänge die Hängematte auf, schaue in die Baumwipfel der Birken und entspanne mich in der Hängematte, bevor Tisch & Co. vor der blauen Hütte aufgebaut werden. Besonders gerne koche ich in der Abendsonne. Während die gelben Zucchini in der Pfanne brutzeln und das Pastawasser kocht, lausche ich der Natur und den Wanderern, die bei mir vorbeikommen. Diese Freude, im Freien zu kochen, ist so unbeschreiblich. Wenn dann das Geschirr auf dem Tisch verteilt wird und die ersten Gäste kommen, um mitzuessen, könnte ich nicht glücklicher sein. Beim veganen Curry saßen wir noch im Dunkeln draußen und haben jeden Bissen genossen. Da ich alle Gerichte auf dem Campingkocher koche, sind sie auch für den Camping- und Vanlife-Urlaub sehr gut geeignet. Die Ricotta-Pancakes sind auch ein schönes Geburtstagsfrühstück und perfekt für den Sommer. Sie schmecken unfassbar lecker und sind durch die Joghurtcreme sehr erfrischend.

# SOMMER-PASTA MIT CURRY-ZUCCHINI-GEMÜSE

*Die Sommer-Pasta hat so gut zu der blauen Hütte gepasst. Die Wiesen- und Gartenblumen leuchteten in den gleichen gelben Farben wie die Sommer-Pasta, und während die kleinen runden gelben Zucchini in der Pfanne brutzelten, entspannte mein Bruder in der Hängematte und freute sich schon auf seinen Teller Pasta. Die Curry-Note ist mal was ganz Neues in Kombination mit Zucchini und unfassbar lecker. Dieses Pastagericht ist Sommer auf dem Teller – noch heute schwärme ich davon.*

Für 2 große Portionen

*Für die Pasta:*
1 Knoblauchzehe
2 runde gelbe Zucchini
Olivenöl
Zitronenabrieb
1 EL frischer Zitronensaft
bunter Pfeffer
Currypulver
rosa Kristallsalz
Pasta nach Wahl für 2 Personen
2 vorgegarte Maiskolben
mediterrane Gewürzmischung
ca. 1 gehäufter EL Butter

*Für die Toppings:*
Pinienkerne
Parmesan (oder als vegetarische Variante z. B. Montello)
süße Chilisauce (optional)

1. Den Knoblauch schälen und fein hacken oder durch eine Presse drücken. Die Zuchini mit einem Gemüsehobel in dünne Scheiben/Streifen hobeln. Reichlich Olivenöl in die Pfanne geben und den Knoblauch kurz andünsten. Dann die fein gehobelten Zuchini hinzugeben. Den Zitronenabrieb und den Zitronensaft hinzugeben und mit Pfeffer, reichlich Currypulver und rosa Kristallsalz würzen und vermengen. Auf mittlerer Stufe vor sich hin schmoren lassen.
2. Pastawasser aufsetzen und die Pasta darin al dente kochen.
3. Von den Maiskolben mit einem Messer mittelgroße Stücke abschneiden. Die Zucchini auf die eine Seite in der Pfanne schieben und auf die nun leere Seite die Maisstücke geben. Noch etwas Olivenöl dazugeben, sodass sie darin anbraten können. Mit buntem Pfeffer, rosa Kristallsalz und etwas Currypulver würzen und vermengen. Später dann noch etwas von der mediterranen Gewürzmischung an den Mais geben. Die Temperatur etwas höher drehen, damit die Zucchini auch unten leicht kross werden und der Mais schön anbrät. Zum Schluss die Butter über den Mais geben.
4. Die fertige Pasta auf die Teller geben und darauf das Zucchini-Gemüse verteilen. On top den Mais geben. Pinienkerne darüberstreuen und reichlich Parmesan darüberreiben. Wer mag, ergänzt noch etwas süße Chilisauce.

♡ *Ein Klecks Crème fraîche würde sehr gut dazu passen und schön erfrischend sein.*

*Ihr könnt einfach ein Stück vegane Butter nehmen und statt Parmesan einen veganen Parmesanersatz verwenden – schon ist das Rezept vegan. Schmeckt auch super in deinem Camping-/Van-Urlaub.*

# VEGANES SOMMER-CURRY MIT REIS UND TOFU

*Die Sonnenblumen sahen so schön vor der blauen Hütte aus und passten ganz wunderbar zum gelben Sommer-Curry. Der knusprig angebratene Erdnuss-Tofu ist ein super Topping, und obwohl es ein Curry ist, passt es wunderbar zum Sommer. Die Gurke wirkt erfrischend, das Gemüse ist schön cremig mit der Sauce verschmolzen und der Mais und die Zuckerschote haben noch etwas Knackiges. Dieses Rezept gibt es auch als Video – als der Dreh vorbei war und schon die Dunkelheit einbrach, kamen noch Gäste vorbei, und sie schwärmen noch heute von diesem veganen Curry.*

VEGAN

Für 4 Portionen

*Für das Curry:*
1 große süße Zwiebel (spanisch)
1 kleine Aubergine
1 orangener oder gelber Paprika
200 g Zuckerschoten
Olivenöl
4 Msp. geriebener Ingwer
rosa Kristallsalz
bunter Pfeffer
Chiliflockensalz
1 TL Currypulver
1 Msp. Garam Masala
½ TL Kurkumapulver
ca. 1 TL Sojasauce
400 ml Kokosmilch
2 gehäufte TL gelbe Currypaste
6 gehäufte TL crunchy Erdnussbutter
2 vorgegarte Maiskolben

*Für die Toppings & Co:*
½ kleine Bio-Gurke
2–3 EL weißer Balsamicoessig
Pfeffer
Chiliflockensalz
rosa Kristallsalz
Limettensaft (optional)
geröstete gesalzene Erdnüsse, Cashews oder Zedernüsse
glatte Petersilie

*Für den Tofu und den Reis:*
200 g Erdnuss-Tofu
Erdnussöl
4 Portionen gekochter Jasminreis

1. Die Zwiebel schälen und in kleine Würfel schneiden, die Aubergine waschen, putzen und klein schneiden und den Paprika ebenfalls. Die Zuckerschoten waschen und putzen.
2. Die Zwiebel in Olivenöl andünsten, die Aubergine und noch etwas Olivenöl hinzugeben, sodass die Aubergine richtig gut darin andünsten/anbraten kann. Immer wieder umrühren, den Ingwer hinzugeben und vermengen. Den Paprika hinzugeben und immer wieder umrühren. Salzen, pfeffern, ein wenig Chiliflockensalz, 1 TL Currypulver, 1 Msp. Garam Masala und ½ TL Kurkumapulver hinzugeben, alles gut vermengen. Das Gemüse soll schön anbraten, damit sich auch unten am Topf die Röstaromen bilden können. Die Sojasauce hinzugeben und umrühren. Die Kokosmilch daraufgießen; die Dose einmal mit Wasser befüllen, hinzugeben und alles umrühren. Jetzt könnt ihr die Temperatur auch niedriger schalten und die Currypaste einrühren. Die Erdnussbutter hinzugeben, verrühren und die Zuckerschoten hinzugeben.
3. Streifen vom Maiskolben schneiden, in kleinere Stücke teilen und zu dem Curry geben, vermengen und weiter einköcheln lassen.
4. Die gewaschene Bio-Gurke (mit oder ohne Schale) mit einem Gemüsehobel dünn hobeln. In eine kleine Schüssel geben und darüber den Balsamicoessig gießen. Mit ein wenig buntem Pfeffer, Chiliflockensalz und rosa Kristallsalz würzen und vermengen. Wer mag, kann noch etwas Limettensaft hinzugeben. Das Curry kosten und ggf. nachwürzen. Ich habe noch mehr Currypulver, Pfeffer und Salz hinzugegeben.
5. Den Tofu halbieren und in dünne Streifen schneiden. Den Tofu in Erdnussöl kross anbraten und in einer extra Pfanne (alternativ den Tofu, sobald er angebraten ist, an die Seite geben) den Reis ebenfalls in etwas Erdnussöl anbraten.
6. In tiefe Teller auf die eine Seite den Reis und auf die andere Seite das Curry geben. Auf den Reis den knusprig angebratenen Tofu setzen und wer mag, kann ein wenig von der Currysauce über den Tofu gießen. Die Nüsse nach Wahl über alles streuen. Die Gurke auch in die Schüssel neben den Reis geben und alles mit frischer Petersilie toppen.

*Das Rezept lässt sich gut in großen Portionen kochen – dann die Zutatenmengen anpassen. Im Kühlschrank aufbewahrt, könnt ihr das Curry auch an zwei Tagen essen. Vor dem Aufwärmen gut umrühren, ggf. noch etwas Flüssigkeit hinzugeben und eventuell nachwürzen.*

# CURRY-REIS AUS DER PFANNE MIT JOGHURT-DIP UND GURKENSALAT

*Dieses Rezept ist von meiner Nani (Oma) inspiriert, die immer Curryreis in der Pfanne macht. Ich war so fasziniert, dass sie dazu rohen gewaschenen Reis nimmt, der zuerst angebraten und dann langsam gar wird – das ist so ein Geschmackserlebnis. Der Reis gart allmählich durch und hat ein tolles Röstaroma. Die ganzen Gewürze machen es wunderbar aromatisch, und der erfrischende Joghurt-Dip mit Gurkensalat passt super dazu. Auch liebe ich es, wenn der Feta geschmolzen ist und sich mit dem Curry-Reis verbindet.*

Für ca. 2–3 Portionen

*Für den Curry-Reis:*
1 Schalotte
1 Knoblauchzehe
Olivenöl
Currypulver
1 kleines Stück Ingwer
250 g Basmatireis
ca. 1 ½ TL frischer Zitronensaft
etwas Zitronenabrieb
¼ TL Kurkumapulver
1 Msp. Garam Masala
1 Gemüsebrühwürfel
400 ml Wasser
1 gelber Paprika
180 g Feta
etwas glatte Petersilie
2–3 Zitronenscheiben (optional)

*Für den Gurkensalat:*
3 EL Olivenöl
3 EL weißer Balsamicoessig
1–2 TL Pfirsich-Maracuja-Marmelade
etwas Zitronensaft
1 ½ TL Feigensenf
Pfeffer
rosa Kristallsalz
ca. 1–2 EL frischer oder getrockneter Dill
½ große Gurke

*Für den Joghurt-Dip:*
150 g sahniger griechischer Joghurt
150 g griechischer Joghurt mild
Zitronensaft
Pfeffer
Chiliflockensalz
etwas Limettensaft
rosa Kristallsalz
ca. 1 EL klein gehackte frische Minze

1. Die Schalotte und die Knoblauchzehe schälen, fein würfeln und zusammen in einer Pfanne in reichlich Olivenöl anschwitzen. Reichlich Currypulver (ca. 1–2 EL) hinzugeben und umrühren.
2. Ein kleines Stück Ingwer schälen, fein reiben oder sehr klein schneiden, hinzugeben und umrühren. Jetzt den gewaschenen Reis ergänzen und umrühren. Anschließend den Zitronensaft und etwas Zitronenabrieb hinzugeben. Alles gut miteinander vermengen und den Reis auf kleiner Flamme anbraten. Mit Kurkuma und Garam Masala würzen. Wieder alles vermengen, den Brühwürfel und 200 ml Wasser hinzugeben, gut umrühren und für 10 Minuten garen. Dann die restlichen 200 ml Wasser hinzugeben, umrühren und einen Deckel auf die Pfanne setzen, aber so, dass noch etwas Luft an den Reis kommt. Den Reis immer mal wieder durchmischen, bis er durchgegart ist. Das dauert etwa 50–60 Minuten.
3. Währenddessen das Salatdressing zubereiten. Dazu Olivenöl, weißen Balsamico, Pfirsich-Maracuja- Marmelade, Zitronensaft und Feigensenf in ein Schraubglas geben. Mit Pfeffer und rosa Kristallsalz würzen und noch den Dill hinzugeben. Das Glas verschließen und gut schütteln, sodass sich alles miteinander vermengt.
4. Die Gurke schälen, mit einem Gemüsehobel in dünne Scheiben hobeln und in eine kleine Schüssel geben. Darauf das Dressing verteilen und abgedeckt durchziehen lassen.
5. Für den Joghurt-Dip den sahnigen griechischen Jogurt und den griechischen Joghurt natur in eine kleine Schüssel geben. Darauf Zitronensaft träufeln und gut pfeffern. Etwas Chiliflockensalz und ein wenig frischen Limettensaft hinzugeben. Mit ein wenig rosa Kristallsalz würzen. Zum Schluss die Minze hinzugeben und alles mit einem Löffel vermengen.
6. Den Paprika waschen, putzen, in kleine Würfel schneiden, zum Reis geben und vermengen. Dann abschmecken und noch etwas Salz, Pfeffer und Currypulver hinzufügen und vermengen. Am Ende sollte die ganze Flüssigkeit verdampft sein, wenn der Reis gar ist.
7. Den Feta auf den Reis krümeln und unterheben.
8. Den Reis in tiefe Teller geben und daneben den Joghurt-Dip platzieren. Den Gurkensalat noch einmal durchmischen und ebenfalls auf den Teller neben den Reis und den Joghurt-Dip geben. Die Petersilie klein hacken und über den Reis streuen. Wer mag, dekoriert noch mit 2–3 Zitronenscheiben.

*Der Reis ist eine tolle Basis, zu der man je nach Lust und Laune andere Zutaten hinzufügen kann.*

*Eine vegane Variante mit Tofu kann ich mir supergut vorstellen und auch weiteres Gemüse würde dazu passen. Ein veganer Kokosjoghurt würde bei der veganen Variante sehr gut zum Curryreis schmecken.*

# ZITRONEN-RICOTTA-PANCAKES

*Der Duft von Sommer und Unbeschwertheit … Die Kombination aus den Zitronen-Ricotta-Pancakes, der Creme und der fruchtigen Pfirsichmarmelade ist herrlich. Als Sommer-Dessert ein Traum und auch eine schöne Idee als Rezept für ein Geburtstagsfrühstück. Diese Zitronen-Ricotta-Pancakes sind aus meiner Sommerküche nicht mehr wegzudenken und Genuss pur. Sie werden mich immer an den wunderschönen Tag im Outdoor Studio erinnern, an dem ich dieses Rezept kreierte und eine Unbeschwertheit in der Luft lag, wie sie es nur der Sommer zu schaffen vermag.*

Für 12–15 kleine Pancakes

*Für die Pancakes:*
2 Eier
ca. 55 g Rohrohrzucker
1 Pck. Bourbon-Vanillezucker
Saft von ½ Zitrone
Zitronenabrieb von ¼ Zitrone
190 g Ricotta
ca. 230 ml Milch
ca. 190 g Weizenmehl (Type 405)
½ gestrichener EL Backpulver
geschmacksneutrales Pflanzenöl zum Ausbacken

*Für die Creme:*
60 g Ricotta
150 g griechischer Joghurt
1 Pck. Bourbon-Vanillezucker
1 TL Rohrohrzucker

*Für die Toppings:*
Puderzucker
Pfirsichmarmelade (stückig)
frische Himbeeren
Zitronenscheiben (optional)

1. Die Eier, den Rohrohrzucker und den Vanillezucker in eine Schüssel geben und mit einem Schneebesen leicht verrühren. Zitronensaft, Zitronenabrieb und Ricotta hinzugeben und alles miteinander grob verrühren. Die Milch hinzugeben und umrühren. Das Mehl und das Backpulver unterrühren.
2. Öl in einer Pfanne erhitzen. Die Pancakes immer in kleinen Klecksen darin goldgelb ausbacken, bis der ganze Teig verbraucht ist.
3. Nebenbei die Creme zubereiten. Ricotta und griechischen Joghurt in eine kleine Schüssel geben. Vanillezucker und Rohrohrzucker hinzufügen und alles mit einem kleinen Schneebesen zu einer glatten Creme verrühren.
4. Die Pancakes direkt auf den Tellern anrichten. Pro Teller ein paar mit Puderzucker bestäubte Pancakes anrichten. On top immer einen Klecks von der Creme und darauf einen kleineren Klecks von der Pfirsichmarmelade geben. Himbeeren dazugeben, und eine Zitronenscheibe sieht auch noch toll dazu aus. Alternativ alle Pancakes auf einer Platte mit Puderzucker bestäuben. Wahlweise ein paar Zitronenscheiben und die Himbeeren darauflegen und die Marmelade dazu stellen, sodass sich jeder selbst bedienen kann.

♡ *An heißen Sommertagen sind die Pancakes auch kalt ein richtiger Genuss. Ansonsten könnt ihr auch einen Teil des Teiges in den Kühlschrank stellen und am nächsten Morgen den Rest genießen. Wie alle Rezepte aus dem Outdoor Studio ist auch dieses für die Campingküche geeignet. Dieses Rezept habe ich auch im Outdoor Studio gefilmt und ihr könnt es euch auf meinem Instagram-Account anschauen.*

# Leichte Sommerküche

# FOCACCIA-PIZZA MIT IM OFEN GERÖSTETEN TOMATEN

*Die Focaccia-Pizza geht superschnell und kann je nach Saison mit allerhand Gemüse belegt werden. Bei diesem Rezept vor allem mit den im Ofen gerösteten Tomaten. So gut! Ob als schnelles Lunchrezept oder Abendessen, welches an vergangene Italienurlaube erinnert – einfach perfekt. Auch wunderbar geeignet, um Reste zu verwerten, und wenn sich die Tomaten nicht mehr als Salat eignen oder aufs Brot, dann kann man sie prima im Ofen schmoren.*

Für ca. 6–7 Pizzen

*Für den Teig:*
1 Pck. Trockenhefe
etwas lauwarmes Wasser
ca. 250 g Weizenmehl (Type 405) + etwas mehr zum Arbeiten
ca. 225 ml Wasser
Olivenöl
Salz
1–2 Knoblauchzehen
getrocknete Kräuter, z. B. Majoran und Oregano (optional)

*Für die Toppings:*
1 Rispe kleine Tomaten
Olivenöl
Pfeffer
Salz
Chiliflocken
Basilikum
Parmesan
etwas Balsamicoessig (optional)

1. Die Hefe mit etwas lauwarmen Wasser mischen.
2. 250 g Weizenmehl in eine große Schüssel geben und die Hefe hinzugeben. Das Wasser hinzugeben und alles kurz mit einem Schneebesen verrühren. 2 EL Olivenöl, 3 EL Mehl und etwas Salz hinzugeben und alles mit den Händen zu einem Teig kneten. Sollte dieser noch zu sehr kleben, noch etwa 2 EL Mehl hinzugeben. Mit einem Geschirrhandtuch an einem warmen Ort für 45 Minuten gehen lassen.
3. Den Backofen auf 200 °C Ober-/Unterhitze vorheizen.
4. Die Tomaten klein schneiden und mit Olivenöl, Pfeffer, Salz, Chiliflocken und klein gerupftem Basilikum vermengen. Auf ein kleines Backblech legen und später zusammen mit der Focaccia-Pizza im Ofen schmoren.
5. Die Arbeitsfläche bemehlen. Den Teig in ca. 6–7 Teigstücke teilen und mit den Händen zu kleinen Pizzen formen.
6. Den Knoblauch schälen und in dünne Scheiben schneiden. Die Pizzen mit reichlich Olivenöl einreiben und den Knoblauch darauf verteilen. Mit Salz und Kräutern bestreuen und mit den Fingern etwas in den Teig eindrücken.
7. Zusammen mit den Tomaten in den Ofen geben: die Tomaten in dem kleinen Backblech auf einen Backrost auf der dritten Schiene und die Focaccia-Pizzen auf ein mit Backpapier belegtes Backblech auf der ersten Schiene. Die Tomaten benötigen etwa 20–25 Minuten, die Pizzen je nach Größe 12–15 Minuten oder etwas länger.
8. Die fertig gebackenen Focaccia-Pizzen mit den Tomaten aus dem Ofen belegen. Darauf etwas frischen Parmesan reiben. Mit Basilikum garnieren und, wer mag, kann etwas Balsamico darüberträufeln.

♡ *Für dieses Community-Rezept wurde auf Instagram abgestimmt; es wurde somit in das Kochbuch gewählt. Habt ganz viel Freude damit.*

# WEIßE PIZZA MIT GELBER ZUCCHINI UND ZUCCHINIBLÜTEN

*Ich hatte in meinem Garten eine ziemlich große Zucchinipflanze mit lauter schönen Zucchiniblüten und da kam mir diese Idee. Ich liebe weiße Pizza, und gerade im Sommer kann man eine richtig schöne Gartenpizza belegen. Eine Pizzaeinladung mit Freunden und Familie wäre schön – dann kann jeder seine eigene Pizza belegen.*

Für 4 Pizzen

*Für den Teig:*
1 Pck. Trockenhefe
200 ml lauwarmes Wasser
350 g Pizzamehl (Tipo 00) + etwas zum Ausrollen
1 TL Salz
3 EL Olivenöl

*Für den Belag:*
4 Knoblauchzehen
2 Mozzarella
2 kleine gelbe Zucchini
400–500 g Ricotta + Ricotta zum Füllen der Blüten
Pfeffer
Kräutersalz
Pinienkerne
etwas Zitronenabrieb
etwas Zitronensaft
frischer Zitronenthymian
4–6 Zucchiniblüten
etwas Olivenöl

1. Die Trockenhefe in eine kleine Schüssel geben, mit dem lauwarmen Wasser verrühren und mit einem Küchentuch abdecken. 15 Minuten ruhen lassen.
2. Das Mehl, das Salz und das Olivenöl in eine Schüssel geben, das Hefewasser hinzugeben und mit den Händen ca. 5 Minuten zu einem Teig kneten. Abgedeckt an einem warmen Ort für 1 Stunde gehen lassen.
3. Den Backofen auf 225 °C Ober-/Unterhitze vorheizen.
4. Die Knoblauchzehen schälen und in dünne Scheiben schneiden. Den Mozzarella und die Zucchini in Streifen schneiden.
5. Den Teig in vier gleich große Stücke teilen.
6. Ein Holzbrett mit Mehl bestäuben und das Wellholz ebenfalls. Dann die Hände bemehlen, ein Teigstück auf dem Holzbrett auswellen und mit den Händen zu einer Pizza formen.
7. Den Ricotta mit einem Löffel auf dem Boden verteilen. Mit Pfeffer und Kräutersalz würzen und Knoblauch und Pinienkerne darauf verteilen. Etwas Zitronenabrieb daraufgeben. Nun die Zucchini darauf verteilen, etwas Zitronensaft darüberträufeln und den frischen Zitronenthymian daraufstreuen. Nun den Mozzarella auf der Pizza verteilen. Zum Schluss die Zucchiniblüten halbieren, den Stempel entfernen und die Blüten mit etwas Ricotta füllen. Pfeffer, Kräutersalz und Thymian auf den Ricotta in den Zucchiniblüten geben. Wer mag, kann jetzt auch noch über alles etwas Olivenöl geben und noch ein wenig Pfeffer und Kräutersalz. Dann hat alles eine schöne Würze.
8. So alle Pizzen belegen und nacheinander auf einem mit Backpapier belegen Backblech für ca. 12–15 Minuten fertig backen.

# GURKENSALAT & BROT MIT CURRY-BUTTER

*Ich liebe Gurkensalat, und gerade an heißen Sommertagen, wo man etwas Leichtes und Erfrischendes möchte, passt er supergut zum Lunch oder ist auch abends, z. B. als Beilage für einen Grillabend, perfekt. In einen Gurkensalat muss für mich Dill rein, und im Garten der Eltern meiner besten Freundin wächst dieser in rauen Mengen und wird sehr hoch. Das sieht so schön aus und riecht auch ganz wunderbar aromatisch. Dazu passt etwas getoastetes Fladenbrot mit Curry-Butter.*

Für 2 Personen

*Für das Dressing:*
2 EL Olivenöl
1 EL weißer Balsamicoessig
1 EL Zitronensaft
1 EL Mango-Maracuja-Marmelade
½ EL Dijon-Senf
Pfeffer
grobes Kräutersalz
ca. 2 EL klein gehackter Dill

*Für den Gurken-Salat:*
1 Bio-Gurke
½ Packung Mini-Mozzarella-Kugeln
schwarze Mini-Oliven
Pinienkerne
Dill/Dillblüten

1. Alle Zutaten für das Dressing bis auf den Dill in eine kleine Schüssel geben und mit einem Schneebesen oder einer Gabel verrühren. Dann den klein gehackten Dill untermischen.
2. Wer mag, kann bei der Bio-Gurke die Schale dran lassen. Vorher gründlich waschen. Mit einem Gemüsehobel in dünne Scheiben hobeln.
3. Die Gurke in eine Schüssel geben und mit dem Dressing vermengen. Wer mag, kann den Salat jetzt noch 15 Minuten durchziehen lassen, bevor die Toppings daraufkommen.
4. Entweder gleich verteilen und dann darauf die Mozzarella-Kugeln, die Mini-Oliven und die Pinienkerne geben und mit Dill und den Dillblüten garnieren oder in der Salatschüssel anrichten und so auf den Tisch stellen.

*Für die Curry-Butter:*
100 g weiche Butter
1–2 TL Limettensaft
etwas Limettenabrieb
Pfeffer
grobes Kräutersalz
Chiliflockensalz
Currypulver
getoastetes Fladenbrot als Beilage

1. Die weiche Butter in eine kleine Schüssel geben. Limettensaft, Limettenabrieb, Pfeffer, grobes Kräutersalz, Chiliflockensalz und reichlich Currypulver dazugeben. Mit einer Gabel vermengen und in ein Schraub-/Einmachglas füllen.
2. Bis zum Verzehr in den Kühlschrank stellen und dann mit Fladenbrot servieren.

*Die Butter hält sich einige Tage im Kühlschrank frisch, und wenn man sie auf das warme Fladenbrot streicht, ist das solch ein Genuss. Man kann die Butter auch auf Brotpapier legen und zu einer Rolle formen und dann immer Stückchen davon abschneiden. Sieht auch wunderschön aus.*

*Bei der Curry-Butter könnt ihr ganz easy die Butter durch eine vegane Variante austauschen. Beim Gurkensalat einfach die Mozzarella-Kugeln weglassen oder durch vegane Alternativen austauschen.*

# RÖSTBROT MIT ERBSEN-MINZ-AUFSTRICH

*Im Sommer ist ein erfrischendes Röstbrot genau das Richtige, egal ob für den Lunch oder das Abendessen. Gerade an lauen Sommerabenden ein Genuss. Dazu gibt es selbst gemachte Zitronen-Limo – ein Traum.*

Für 2 Röstbrote

*Für das Röstbrot und den Aufstrich:*
120 g Gartenerbsen (TK)
2 EL Zitronensaft
Zitronenabrieb
2 gehäufte EL griechischer Joghurt
1–1 ½ EL Minze
Pfeffer
Kräutersalz
45 g Feta
1 Knoblauchzehe (optional)
2 Scheiben Brot
Olivenöl

*Für die Toppings:*
ca. 260 g junge Erbsen (TK)
Olivenöl
Pfeffer
Salz
etwas Zitronensaft
2 Burratas (oder 1 halbiert)
bunter Pfeffer
Minze

1. Die gefrorenen Erbsen vollständig antauen lassen.
2. Die Erbsen für den Aufstrich ohne mögliches Tauwasser in ein hohes Gefäß geben. Zitronensaft, Zitronenabrieb, Joghurt, Minze, Pfeffer, Kräutersalz und Feta hinzufügen. Alles grob miteinander vermixen. Es dürfen ruhig noch ein paar gröbere Erbsenstücke dabei sein.
3. Die Erbsen für das Topping in etwas Olivenöl in einer kleinen Pfanne anrösten. Mit Pfeffer und Salz würzen und etwas Zitronensaft hinzugeben.
4. Für die Brote optional den Knoblauch in 2 Hälften schneiden und damit die Brote von beiden Seiten einreiben. Die Brote in Olivenöl in einer Pfanne anrösten. Gerne die 2 Knoblauchhälften dazugeben.
5. Zuerst den Aufstrich auf die Brote streichen, darauf die angedünsteten Erbsen geben. Burrata on top. Etwas bunten Pfeffer darübermahlen und Minze darüberstreuen.

♡ *Ihr könnt statt der Burrata auch etwas Feta darüberkrümeln. Wer noch mehr Jogurt und etwas Sahne hinzugibt, kann daraus auch eine Pastasauce für ein erfrischendes Sommer-Pastagericht kreieren.*

*Auch hier einfach den Feta und Joghurt durch vegane Alternativen auswechseln. Ich kann mir auch einen pflanzlichen Kokosjoghurt sehr gut dazu vorstellen.*

# SOMMERGEMÜSE-PASTA

*Im Sommer, wenn es eine so bunte Vielfalt auf dem Markt und auch im Gemüsebeet gibt, können wir aus dem Vollen schöpfen und ein mediterranes Pastagericht kochen, das uns an all die wunderbaren Urlaube erinnert und voller Aromen steckt. An einem schönen Sommerabend kommt so ein Pastateller mit all dem leckeren Sommergemüse genau richtig, und die Aubergine, die in dem Balsamico ein wenig geschmort wurde, passt herrlich zu den sonnengereiften Tomaten. On top kommt reichlich Parmesan und der feine kleinblättrige Basilikum. Ein richtig schönes Pastagericht, das die saisonale Vielfalt des Sommers aufgreift.*

Für 2–3 große Portionen

*Für die Pasta und die Sauce:*
1 Schalotte oder 1 Knoblauchzehe
½ große oder 1 kleine Aubergine
Olivenöl
etwas frischer Zitronensaft
Fleur de Sel
Pfeffer
3 EL dunkler Balsamicoessig (gerne mit Walnuss)
1 kleine Zucchini
1 roter Spitzpaprika
2–3 EL Tomatenmark oder Tomaten-Paprika-Mark
ca. 50 ml Wasser
200–250 g Mafaldine-Pasta
200 g Cocktailtomaten
etwas Rohrohrzucker oder Honig
kleinblättriger Basilikum
Chiliflockensalz (optional)

*Für die Toppings:*
kleine grüne Oliven
Pinienkerne
Parmesan
Pfeffer
kleinblättriger Basilikum

1. Die Schalotte oder den Knoblauch (es geht auch beides) fein schneiden. Die Aubergine waschen, putzen und in feine Viertelscheiben schneiden. In eine Pfanne reichlich Olivenöl geben und zuerst die Schalotte bzw. den Knoblauch hinzugeben, kurz anschwitzen, dann die Aubergine hinzugeben. Ggf. noch etwas Öl ergänzen, denn die Aubergine saugt viel davon auf. Leicht anbraten und ein paar Spritzer frischen Zitronensaft hinzugeben. Die Aubergine mit etwas Salz und Pfeffer würzen. 2–3 EL Balsamico über die Aubergine geben und vermengen. Die Temperatur etwas herunterdrehen.
2. Die Zucchini und den Paprika waschen, putzen und klein schneiden. Die schon leicht geschmorte Aubergine in eine Ecke der Pfanne geben. Falls nötig, auf die leere Fläche in der Pfanne etwas Olivenöl geben und die Zucchini und den Paprika hinzugeben und leicht anbraten. Mit ein wenig Pfeffer und Salz würzen. Sobald die Zucchini und der Paprika angeröstet sind, das Tomatenmark hinzugeben, mit den 50 ml Wasser ablöschen und mit dem Gemüse (nicht der Aubergine) vermengen. Die Aubergine an der Seite auch immer wieder extra umrühren.
3. Pastawasser aufsetzen und die Pasta al dente kochen. Das Pastawasser nach dem Abgießen aufheben.
4. Nun die ganzen oder halbierten Cocktailtomaten zum Gemüse geben und einköcheln lassen.
5. Sobald die Cocktailtomaten aufplatzen/weich werden, etwas andrücken, sodass der Saft austritt. 1 kleine Schöpfkelle Pastawasser hinzugeben (sollte eure Sauce schon zu flüssig sein, dann nur einen Schluck verwenden, und falls sie noch mehr Flüssigkeit benötigt, etwas mehr Pastawasser). Nun etwas Rohrohrzucker oder Honig hinzugeben.
6. Alles miteinander vermengen, auch die Aubergine. Vom kleinblättrigen Basilikum ca. 2 EL etwas klein gemacht (ohne Stiele) hinzugeben und verrühren.
7. Die Sauce noch einmal kosten und ggf. nachwürzen. Wer mag, kann jetzt noch etwas von dem Chiliflockensalz und von dem Balsamico hinzugeben. Wer die Tomatenhaut nicht mag, die beim Kochen der Tomaten entsteht, kann diese grob entfernen.
8. Die Pasta auf den Tellern verteilen. Darauf die Sauce geben, die Oliven und die Pinienkerne hinzugeben. Reichlich frischen Parmesan darüberreiben und etwas pfeffern. Zum Schluss etwas Basilikum on top geben.

*Ich lege immer gerne den Parmesan mit der Reibe auf den Tisch, damit man, wenn man mag, immer wieder Parmesan über sein Pastagericht reiben kann.*

*Wenn ihr Rohrohrzucker statt Honig verwendet und den Parmesan durch eine vegane Alternative ersetzt, habt ihr im Nu ein veganes Sommer-Pastagericht.*

# BUNTER TOMATENSALAT MIT RÄUCHER-MOZZARELLA UND OLIVEN-CIABATTA-CROÛTONS

*An einem heißen Sommertag ist einem oft nicht auch noch nach einem warmen Gericht. Da kommt der Brot-Salat genau richtig: Er kann sowohl als Hauptgericht als auch als Beilage serviert werden. Der geräucherte Mozzarella, das Oliven-Ciabatta und der Pfirsich harmonieren super zusammen und man träumt von Bella Italia.*

Für 2 große Portionen/1 kleine Salatschüssel

*Für das Dressing:*
2 EL Olivenöl
2 EL weißer Balsamicoessig
1 TL Senf
1 TL Orangenblütenhonig
Pfeffer
Kräutersalz
Chiliflockensalz
Zitronenabrieb

*Für den Salat:*
ca. 400–500 g bunter Tomatenmix
1 weißer Pfirsich
½ kleines Oliven-Ciabatta
1 Knoblauchzehe
Olivenöl
Pfeffer
Kräutersalz
ca. 100–120 g geräucherter Mozzarella
Pinienkerne (optional)
kleinblättriger Basilikum

1. Für das Dressing alle Zutaten in ein Schraubglas geben und mixen.
2. Die Tomaten waschen und klein schneiden. Bei kleinen Tomaten reicht es auch, sie zu halbieren. Den Pfirsich entsteinen und in kleine Würfel schneiden.
3. Das Oliven-Ciabatta in kleine Würfel schneiden. Die Knoblauchzehe halbieren.
4. Reichlich Olivenöl in eine Pfanne geben. Die Knoblauchzehe dazugeben, andrücken und dann kurz im Öl schwenken, bevor die Ciabattawürfel hinzukommen. Die Ciabattawürfel von allen Seiten knusprig anrösten und mit Pfeffer und Kräutersalz würzen.
5. Parallel dazu den geräucherten Mozzarella in kleine Stücke teilen.
6. Zuerst die Tomaten in eine kleine Salatschüssel oder einen großen tiefen Teller geben. Darauf die Pfirsiche verteilen und das Salatdressing daraufgießen. On top den geräucherten Mozzarella und die Croûtons geben. Zum Schluss kann, wer mag, ein paar Pinienkerne hinzugeben und den kleinblättrigen Basilikum darüberstreuen.

*Wer Knoblauch nicht so gut verträgt, kann diesen ganz einfach weglassen. Falls ihr keinen geräucherten Mozzarella findet, nehmt normalen Mozzarella, eine Burrata oder Parmesanhobel. Statt Pfirsiche passen auch wunderbar Nektarinen.*

*Dieser Salat ist im Nu „veganisiert". Ersetzt den Honig durch Agavendicksaft oder eine Prise Rohrohrzucker und tauscht den Mozzarella durch eine pflanzliche Alternative aus.*

# SOMMER-DRINK MIT APRIKOSE UND LAVENDEL

*Im Sommer liebe ich eisgekühlte Drinks und sie lassen sich super vorbereiten und im Kühlschrank bis zum Einsatz kalt stellen. Zudem sind sie zur Resteverwertung gut geeignet, wenn man noch überreifes Obst zu Hause hat. Die Aprikosen in Kombination mit dem Lavendel sind für mich Sommer pur, und ich weiß noch ganz genau, wie gut der Lavendel roch, als ich diesen für die Eiswürfel pflückte. In der Hängematte eine Pause einlegen und diesen Drink genießen ist Sommer pur.*

Für 2–3 Drinks

*Für die Eiswürfel:*
ein paar Lavendelblüten
2–3 Aprikosen
Wasser

*Für den Sirup:*
8 reife Aprikosen
7–8 EL Lavendelhonig (je nach gewünschter Süße)
etwas Wasser

*Für den Tee:*
2 Teebeutel grüner Tee (gerne mit Passionsfrucht und Pfirsichgeschmack)
1 l Wasser

1. Die Lavendelblüten kurz unter laufendes Wasser halten. Die Aprikosen in kleine Schnitze schneiden. Die Lavendelblüten zusammen mit den Aprikosenstücken in Eiswürfelformen geben und diese mit Wasser auffüllen. Ich habe ca. ein Drittel der Eiswürfelform mit den Lavendelblüten und Aprikosen gefüllt und die anderen zwei Drittel nur mit den Aprikosenhälften bestückt. Dann ins Eisfach stellen. Am besten einen Tag vorher vorbereiten.
2. Die Aprikosen für den Sirup entkernen und vierteln. Zusammen mit dem Lavendelhonig und etwas Wasser (sodass die unteren Aprikosen leicht bedeckt sind) in einem kleinen Topf erhitzen und immer wieder umrühren. 30 Minuten auf niedriger Stufe durchziehen lassen und zur Seite stellen.
3. Den Tee kochen und nach Packungsanleitung ziehen lassen. Achtung: Grüner Tee kann schnell bitter werden.
4. Die Aprikosen mit einem Stabmixer pürieren und ggf. durch ein Sieb passieren (optional). In eine Bügelflasche geben und in den Kühlschrank stellen.
5. Den Tee abkühlen lassen, dann ebenfalls in eine Bügelflasche geben und in den Kühlschrank stellen.
6. Ihr könnt auch die Gläser kurz vor dem Servieren ins Eisfach stellen. Dann ist es noch erfrischender.
7. Die Gläser mit den Eiswürfeln befüllen. Den Sirup – je nach gewünschter Intensivität des Geschmacks – hinzugeben, mit dem Tee auffüllen und kurz umrühren. Sobald die Eiswürfel leicht antauen, entfaltet sich die zarte Lavendelnote.

♡ *Durch den Grüntee mit Passionsfrucht- und Pfirsich-Geschmack hat der Drink eine fruchtige Note. Der Honig gibt eine leichte Süße, und so entsteht eine schöne Kombination aus fruchtig, blumig, leichter Süße und – durch den Grüntee – auch einer leicht herben Note. Super erfrischend im Sommer.*

# Outdoor Dinner

# MEINE TIPPS
# FÜR EIN SOMMER-DINNER

*Ganz wichtig: Es soll Spaß machen, lass dich daher nicht stressen. Mit ein wenig Vorbereitung und Hilfe anderer geht es viel leichter, und denke auch daran, es muss nicht alles neu sein, du musst für ein Dinner nicht tief in die Tasche greifen. Schaue, was du schon zu Hause hast, oder leihe dir das ein oder andere aus, wie zum Beispiel die Leinentischdecke von deiner Oma.*

- ♡ Überlege dir ein Thema: Was soll es zum Essen geben und was für eine Tischdeko würde dazu passen?
- ♡ Um es sich leichter vorzustellen, suche ich passend zum Thema alles in einer Farbwelt zusammen, was ich zu Hause habe, und stelle es probeweise auf den Esstisch. So sieht man, was zusammenpasst, was noch fehlt; was man sich eventuell ausleihen kann oder noch besorgen muss.
- ♡ Es muss nicht sechsmal der gleiche Teller sein. Wenn die Teller unterschiedlich sind, aber farblich zusammenpassen, macht das die Tischdeko sogar noch interessanter.
- ♡ Leinentischdecken und Servietten strahlen Gemütlichkeit aus und müssen nicht extra gebügelt werden. Auch hier brauchst du nicht für jeden die gleiche Serviette, sie sollten nur am Ende harmonisch zusammenpassen.
- ♡ Kerzen und Blumen machen es schön festlich. Ein paar Blumen aus dem Garten, in den Vasen verteilt, sind ein optisches Highlight und preiswert. Zudem hat man gleich etwas zu erzählen, woher die Blumen stammen.
- ♡ Hole dir Hilfe, wenn du sie brauchst. Frage zum Beispiel eine Freundin, ob sie etwas früher kommen kann und bei den Vorbereitungen helfen kann. Auch eine „Schnippelhilfe" in der Küche kann schon eine große Unterstützung sein.
- ♡ Stresse dich nicht mit dem Menü: Worauf hast du Lust, was bereitet dir Freude, wenn du es kochst, und was passt auch gerade zur Jahreszeit?
- ♡ Bereite so viel wie möglich vor, sodass du auch am Dinner teilnehmen kannst.
- ♡ Die Gastgeschenke am Tisch sind mit den Namen versehen; so sparst du extra Aufwand und jeder weiß, wo er sitzen darf. Die Tischdecko anzuschauen, ist schon das erste Highlight deines Dinners und bietet ein Gesprächsthema, bis das Dinner losgeht.
- ♡ Solarlichterketten laden sich den Tag über in der Sonne auf, und abends habt ihr dann zusammen mit den Kerzen ein stimmungsvolles Licht. Da will man am liebsten gar nicht mehr aufstehen.

PAUL
Summer
Dreaming

# GAST-GESCHENKE

Ich liebe es, anderen eine Freude zu machen, und gerade bei einem Dinner finde ich es superschön, wenn jeder etwas zum Auspacken hat. Zudem ist es im Anschluss eine schöne Erinnerung an das Dinner, und die Gastgeschenke dienen auch gleichzeitig als Namenskarten, damit jeder weiß, wo er sitzen darf. Bei den Gastgeschenken schaue ich zuerst, was zu meinen Gästen passt, und dann stimme ich es farblich auf die Tischdecke und das Thema des Dinners ab. Auch greife ich gerne etwas auf, was mich als Gastgeberin widerspiegelt, wie zum Beispiel die Haarscrunchies und Blumensamen.

Je nach Person habe ich die Blumensamen und die Farbe der Scrunchies angepasst und ein Teil meiner Gäste hat wunderbar riechende Seife anstatt der Scrunchies bekommen, da diese besser gepasst hat. Auch finde ich ein kulinarisches Gastgeschenk eine tolle Idee. Da greife ich gerne etwas auf, was es dann auch bei dem Dinner gab. So kann sozusagen jeder einen Teil des Dinners mit nach Hause nehmen. In diesem Fall war es der Zitronensirup, welcher so gut den Sommer einfängt. Ihr findet das Rezept für den Zitronensirup auf Seite 187. In kleine Bügelflaschen abgefüllt und mit einem braunen Papieranhänger versehen, hat er wunderschön zur restlichen Tischdeko gepasst.

ZITRONE
INGWER
SIRUP

# DIY-SOMMERKRANZ

*Gerade jetzt im Sommer bietet sich ein Blumenkranz an und sieht auf Fotos ganz wunderschön aus. Das Dinner ist auch wunderbar geeignet für eine Geburtstagsfeier. Die Blumenkränze sind eine schöne Erinnerung und lassen sich wunderbar trocknen. Meiner hängt noch heute auf meinem Balkon und erinnert mich an dieses schöne Dinner.*

*Was ihr dafür benötigt:*

dünne Stoff-Haarreifen oder Drahtringe, angepasst an die Kopfgröße
grünes Gärtnerband
Blumen wie Hortensie, Schleierkraut, Chrysantheme, Kamille, Goldrute, Veronika, Lisianthus, Blätter der Monatserdbeere (Walderdbeere) etc.
Draht passend zur Farbe der Blumen in Kupfer, Gold oder Silber
Band passend zu den Blumen (optional)

*Und so einfach geht's:*

1. Maß nehmen vom Kopfumfang. Einen Drahtring passend zur Kopfgröße nehmen und mit selbstklebendem Gärtnerband umwickeln oder einen Stoff-Haarreif nehmen.
2. Blumen farblich passend zusammenstellen.
3. Kleine Sträuße binden und auf die gewünschte Länge abschneiden. Die Stielenden mit Gärtnerband oder Maskingtape umwickeln, damit die kleinen Sträuße zusammenhalten.
4. Die Sträuße nacheinander schuppenförmig auf dem Drahtring oder dem Haarreif mit feinem Silberdraht oder dünnem grünen Gärtnerdraht fixieren. Besonders die Enden gut fixieren, damit nachher nichts verrutscht.
5. Optional am Ende der Haarreifen ein farblich passendes langes Band anbringen, das nachher hinten herunterhängt.

# LEMON COOLER

VEGAN

*Der Zitronensirup hat eine ganz leichte Ingwernote. Mit den Eiswürfeln, der Zitronenscheibe und gekühltem Wasser aufgefüllt, hat man einen wunderbar erfrischenden alkoholfreien Cooler für das Sommer-Dinner.*

Für 6 Personen als Gastgeschenk und den Sirup auf dem Tisch

*Was ihr dafür benötigt:*
6 Bügelflaschen à 100–150 ml
2 Flaschen à ca. 200 ml

*Für den Sirup:*
1,1 kg Bio-Zitronen
1 ½ EL geriebener Ingwer
350 g Rohrohrzucker
1 Prise Salz

*Restliche Zutaten:*
Eiswürfel
Zitronenscheiben
500 ml Holunderblütensirup
2 l gekühltes Trinkwasser

1. Die Zitronenschale von 1½ Bio-Zitronen abschälen. Alle Zitronen auspressen.
2. In einen Topf den Zitronensaft, die Zitronenschale, 1½ EL geriebener Ingwer, den Zucker und das Salz geben. Aufkochen lassen und bei niedriger Temperatur 25–30 Minuten einköcheln lassen. Die Zitronenschale entfernen und den Sirup lauwarm abkühlen lassen.
3. Den Sirup für die Gastgeschenke in die Bügelflaschen gießen. Den restlichen Sirup für den Lemon Cooler in die beiden größeren Flaschen füllen. In den Kühlschrank stellen.
4. Wenn ihr die Dinner Tafel eindeckt, an jede der 6 Mini-Flaschen einen Papieranhänger mit der Aufschrift Zitronen-Ingwer-Sirup befestigen und jedem Gast an seinen Platz stellen.
5. Die Gläser mit Eiswürfeln und einer Zitronenscheibe auf den Tisch stellen und dann vor Ort mit dem Zitronen-Ingwer-Sirup, dem Holunderblüten-Sirup und Wasser befüllen. Da kann dann auch jeder Gast selbst entscheiden, wie intensiv er sein Getränk haben möchte.

♡ *Die Flaschen mit Wasser, Holunderblütensirup und Zitronen-Ingwer-Sirup für den Lemon Cooler auf der unteren und oberen Seite der Dinner-Tafel verteilen, damit jeder Gast Zugang dazu hat.*

# ZITRONEN-RICOTTA-TORTE

*Diese Zitronen-Ricotta-Torte ist ein Sommertraum und eignet sich auch toll als Geburtstagstorte. Sie schmeckt herrlich zitronig, und durch den Ricotta ist der Boden schön feucht und könnte schon so ohne Creme nur mit etwas Puderzucker serviert werden. Der Lemon-Curd-Spiegel gibt eine schöne zitronig-frische Note und sieht zudem wunderschön aus. Da der Boden noch etwas warm war, ist die Creme an den Seiten etwas heruntergelaufen, was aber auch toll aussah. Wenn ihr den Boden richtig abkühlen lasst, passiert das nicht.*

Für 1 Torte

*Was ihr dafür benötigt:*
Backform (19,5 × 19,5 × 7,5 cm)
Streichpalette
Tortenplatte

*Für die Böden:*
1 Bio-Zitrone
3 Eier
200 g feiner Rohrohrzucker
1 Prise Salz
75 g Butter + Butter zum Fetten der Form
5 EL Sahne
250 g Ricotta
150 g Dinkelmehl (Type 630)
½ Pck. Backpulver

*Für die Creme:*
250 g Mascarpone
1 Pck. Bourbon-Vanillezucker
100 g Sahne
3 EL Rohrohrzucker
1 ½ gehäufte EL Quark (Magerstufe)

*Für die Toppings:*
4–5 EL Lemon Curd
Zitronenscheiben und -hälften
essbare Blüten zum Dekorieren (optional)

1. Den Backofen auf 175 °C Ober-/Unterhitze vorheizen.
2. Die Zitrone auspressen und von ¼ der Zitrone die Schale abreiben.
3. Die Eier mit dem Rohrohrzucker und 1 Prise Salz in eine Rührschüssel geben und schaumig schlagen. Die Butter in Stücken hinzugeben und grob verrühren. Den Zitronensaft und -abrieb hinzugeben und weiterrühren. Die Sahne und den Ricotta hinzugeben und verrühren. Zum Schluss zuerst das Mehl ergänzen und darauf das Backpulver geben und verrühren. Es muss kein komplett glatter Teig sein, es dürfen ruhig ein paar dickere Butterflocken zu sehen sein.
4. Die Kuchenform mit reichlich Butter einfetten und den Teig eingießen. Dann für ca. 55 Minuten fertig backen. Falls der Boden zu dunkel wird, mit einem Backpapier abdecken. Stäbchenprobe machen. Den Backofen ausschalten und den Kuchen für etwa 5 Minuten im Backofen ruhen lassen. Für ein paar Minuten in der Form lassen und einmal am Rand mit einem Messer entlanggehen. Auf ein Kuchengitter stürzen, ein nasses Tuch darüberlegen und den Kuchen aus der Form gleiten lassen. Dann umdrehen und vollständig auf dem Kuchengitter abkühlen lassen.
5. Für die Creme alle Zutaten in eine Rührschüssel geben und cremig mixen.
6. Das Lemon Curd in einem Topf unter ständigem Rühren erhitzen. Zur Seite stellen.
7. Die Creme auf den Kuchen geben und mit einer Streichpalette verstreichen. In der Mitte die Creme etwas tiefer drücken, darauf kommt das Lemon Curd.
8. Mit Zitronenscheiben und -hälften sowie optional mit Blüten dekorieren.

♡ *Ihr könnt auch die Torte komplett verkleiden und mehr Creme on top streichen, dann einfach das Rezept verdoppeln. Wer mag, kann bei der doppelten Menge auch 250 g Mascarpone durch Frischkäse ersetzen. Dann weniger Sahne verwenden, sonst wird es zu flüssig.*

# FOCACCIA & PAPRIKA-AUFSTRICH

*Diese Focaccia ist eine schnelle und leicht gemachte Variante. Mit Knoblauch und Zitronenthymian verfeinert, passt sie ganz wunderbar zum cremigen Paprika-Aufstrich. Eine Schale mit feinem Olivenöl und eine Schale rosa Kristallsalz dazu serviert, ergänzen die Focaccia perfekt.*

Für 1 Focaccia

*Für den Teig:*
1 Pck. Trockenhefe
500 ml lauwarmes Wasser
500 g Weizenmehl (Type 405) + etwas für die Arbeitsfläche
1 TL Salz
2 TL Zucker
3 EL Olivenöl

*Für die Toppings:*
2 Knoblauchzehen
ein paar Zweige frischer Zitronenthymian
etwas Olivenöl
grobes (Kräuter-)Salz

1. Die Trockenhefe mit dem lauwarmen Wasser vermengen.
2. Das Mehl in eine große Schüssel geben und mit dem Salz und dem Zucker mischen. Das Hefewasser und das Olivenöl hinzugeben. Nun mit den Händen einige Minuten zu einem glatten Teig kneten. Abgedeckt an einem warmen Ort für ca. 30 Minuten gehen lassen.
3. Den Backofen auf 220 °C Ober-/Unterhitze vorheizen.
4. Den Teig auf einer bemehlten Arbeitsfläche noch einmal vorsichtig durchkneten und ausrollen.
5. Ein Backblech mit Backpapier auslegen, darauf den ausgerollten Teig setzen und mit den Händen weiterformen. Abgedeckt für weitere 15 Minuten gehen lassen.
6. Die Knoblauchzehen schälen und in feine Scheiben schneiden. Die Blätter vom Zitronenthymian ablösen und etwas zerkleinern.
7. Den Teig mit Olivenöl benetzen und mit den Fingern kleine Mulden eindrücken. Darauf den Knoblauch verteilen. Den Zitronenthymian und etwas von dem groben (Kräuter-)Salz darüberstreuen.
8. Auf der mittleren Stufe in ca. 25–30 Minuten fertig backen.

*Für den Paprika-Aufstrich:*
3 in Olivenöl eingelegte gegrillte Paprikaschoten
400 g sahniger Frischkäse
1–2 TL Honig
Pfeffer
Kräutersalz
Paprikapulver edelsüß

1. Die Paprikaschoten ohne Flüssigkeit mit dem Frischkäse mit einem Stabmixer fein pürieren. Dazu etwas Honig geben und mit reichlich Pfeffer, Kräutersalz und Paprikapulver würzen. Nochmals mixen und ggf. nachwürzen.
2. Auf 2 kleinen Tellern oder in kleinen Schalen servieren.

♡ *Eine Schale/kleines Glas mit grünen Oliven passt auch noch sehr gut dazu.*

# MAIS UND ZUCCHINI VOM GRILL

*Ich liebe im Sommer gegrillten Mais und gegrillte Zucchini und beides passt wunderbar zum Sommer-Dinner. Der gegrillte Mais harmoniert ganz toll mit dem Paprika-Aufstrich von Seite 191. Dazu die gegrillten Zucchini – ein Traum. Die Zucchini bekommen durch den Zitronensaft, den Feta und die Petersilie eine frische Note und sind von der Sommer-Dinner-Tafel nicht mehr wegzudenken.*

Für 4 Portionen

*Für die gegrillten Maiskolben*
4 vorgegarte Maiskolben
etwas Butter (optional)
grobes Salz (optional)
Paprikapulver (optional)

1. Die Maiskoben halbieren und dann auf dem Grill von allen Seiten grillen, bis sie eine gute Farbe haben.
2. Auf eine Platte oder einen großen Teller geben. Wer mag, kann jetzt ein paar Butterstücke auf den Mais geben und zerlaufen lassen. Mit etwas grobem Salz und Paprikapulver toppen (optional).

*Für die gegrillten Zucchini:*
2 kleine Zucchini
ca. 2–3 EL Olivenöl
Pfeffer
grobes Salz

*Für die Toppings:*
Zitronensaft
ca. 90 g mild-würziger Feta
glatte Petersilie
Chiliflocken oder Pfeffer (optional)

1. Die Zucchini in feine Scheiben schneiden und in eine wiederverwendbare Grillschale geben. Olivenöl, Pfeffer und grobes Salz dazugeben und alles vermengen. Es sollte überall an den Zucchini etwas von der „Marinade“ sein. Dann auf dem Grill anbraten, bis die Zucchini durch sind, aber noch knackig.
2. Auf einen Teller geben, z. B. auf den Teller mit dem Mais von oben, und über die Zucchini etwas Zitronensaft träufeln. Den Feta darüberkrümeln und die glatte Petersilie grob mit den Händen klein machen und darüberstreuen. Wer mag, kann für eine leichte Schärfe jetzt noch ein paar Chiliflocken darüberstreuen oder etwas pfeffern.

*Sowohl der Mais als auch die Zucchini können vegan zubereitet werden. Wer etwas Butter auf dem Mais möchte, greift dann zu pflanzlichen Alternativen, und bei den Zucchini wählt ihr eine pflanzliche Alternative zum Feta oder lasst diesen einfach weg.*

Summer dreaming

# KRITHARAKI-SOMMER-SALAT MIT GEGRILLTEM HALLOUMI

*Dieser Salat ist perfekt für ein Outdoor Dinner oder eine Grillparty. Die Kritharaki sind eine tolle Basis und darauf kommt ein leckerer Mix aus allerlei Gemüse, den fruchtigen Pfirsichen, Avocado, gegrilltem Halloumi und dem oberleckeren Dressing mit ganz viel Petersilie und Zitronenmelisse aus dem Garten. Das Rezept kann ich mir auch für ein Picknick gut vorstellen.*

Für 6 Portionen

*Dressing:*
8 EL Olivenöl
8 EL weißer Balsamicoessig
4 EL Orangensaft
4 gehäufte EL Pfirsich-Marmelade
3 EL Dijon-Senf
Pfeffer
Kräutersalz
1 TL Zitronensaft
2 Handvoll glatte Petersilie
4–5 Blätter Zitronenmelisse oder Minze (optional)

*Salat:*
500 g Kritharaki-Pasta (griechische Nudelspezialität)
2 Gemüsebrühwürfel
1 l Wasser
½ Gurke
1–2 gelbe Pfirsich(e) oder Nektarine(n)
1 gelber Paprika

*Für die Toppings:*
250 g Halloumi
1 Avocado
lila und grüner Basilikum

1. Für das Dressing Olivenöl, weißen Balsamicoessig, Orangensaft, Pfirsich-Marmelade und Senf in ein hohes Mixgefäß geben und mit Pfeffer und Kräutersalz würzen. Dann den Zitronensaft, die glatte Petersilie (ohne Stiele) und die Zitronenmelisse hinzugeben. Mit einem Stabmixer fein pürieren und ggf. nachwürzen. Dann in ein Schraubglas oder Einmachglas geben und in den Kühlschrank stellen.
2. Die Pasta mit den Brühwürfeln und dem Wasser in einen Topf geben. Immer wieder umrühren und aufkochen lassen. Dann ca. 15–20 Minuten auf niedriger Temperatur garen. Sollte noch etwas Flüssigkeit übrig sein, diese vorsichtig abgießen. Dann den Topf zum Abkühlen zur Seite stellen.
3. Sobald die Pasta abgekühlt ist, die Gurke schälen und in kleine Stücke oder Viertel-Scheiben schneiden. Den/die Pfirsich(e) oder Nektarine(n) waschen, entsteinen und klein schneiden und den gelben Paprika waschen, putzen und in Würfel schneiden.
4. Den Halloumi in feine Scheiben schneiden und grillen oder in der Pfanne in etwas Olivenöl anbraten.
5. Die Avocado entsteinen, schälen und in feine Streifen schneiden.
6. Die Pasta mit einem Löffel etwas auseinander teilen (sie kann etwas zusammenkleben durch die Gemüsebrühe und Stärke). Diese dann auf einen großen tiefen Teller oder in eine Salatschüssel geben. Darauf die Gurke, den Paprika und die Pfirsiche/Nektarinen, anschließend den gegrillten Halloumi und die Avocadostreifen geben. Nun den lila und grünen Basilikum in ganzen und klein gehackten Blättern über den Salat geben und zum Schluss das Dressing auf dem Salat verteilen. Ihr müsst den Salat nicht extra durchmengen. Das Dressing sickert durch alles durch.

*Der Kritharaki-Sommer-Salat ist sehr sättigend und eignet sich auch super für ein Abendessen bei euch zu Hause oder als Hauptspeise. Beim Dinner ist vom Salat auch etwas übrig geblieben und die Gäste haben voller Freude davon eine Portion eingepackt. Ihr könnt auch vor dem Dinner eure Gäste bitten, Behältnisse für übrig gebliebene Speisen mitzubringen. Damit macht ihr euren Gästen eine Freude, weil sie dann am nächsten Tag noch einmal in den Genuss des Dinneressens kommen.*

*Bis auf den Halloumi ist der Salat vegan. Ihr könnt diesen also weglassen, falls ihr ein veganes Gericht servieren wollt, oder wenn die Gäste eine vegetarische und eine vegane Variante wollen, den Halloumi extra servieren. Es gibt auch vegane Grillkäsealternativen, die ihr ansonsten verwenden könnt.*

Summer
Dreaming

Summer
Dreaming

# Laue Sommerabende

*Während die blaue Stunde hereinbricht und der Kerzenschein alles so gemütlich macht, sitzen wir fröhlich zusammen, bis die Lichterketten angehen, und genießen den lauen Sommerabend. Genau solche schönen Momente bleiben einem ewig in Erinnerung.*

# REGISTER

# ÜBER DIE AUTORIN

Elena Klink ist von Herzen Gastgeberin und entwickelt mit ganz viel Liebe zum Detail vegetarische und saisonale Rezepte. In Berlin hat sie ihren Abschluss zur staatlich geprüften Fotodesignerin gemacht und dabei ihre Liebe zum Bloggen entdeckt. Seit 2016 schreibt und fotografiert sie leidenschaftlich für ihren Food- und Lifestyleblog detaillovin.com. Dort veröffentlicht sie regelmäßig Beiträge online mit saisonalen Rezepten, Picknickideen, Outdoor Dinners und dreht Videos in ihrem geliebten Outdoor Studio.
2017 belegte sie den 1. Platz beim Garden & Home Blog Award in der Kategorie „Bestes Foto“ und 2021 den 2. Platz beim Österreichischen Food Blog Award in der Kategorie „Beste grüne Küchentipps“. Sie liebt es, mit ihren einfachen Rezeptideen zu begeistern und mit ihren liebevoll dekorierten Tageslichtbildern anderen Freude zu bereiten.

# TAUSEND DANK AN ...

meine beste Freundin, die immer für mich da ist, bei jedem Picknick, Dinner und Outdoor Café geholfen hat und unendlich viel Geduld mitbringt. Danke an ihre Familie, die mir die wunderschönen weißen Metallstühle für all die Festlichkeiten ausgeliehen hat und aus deren Garten ich Gemüse ernten durfte. Danke für all die Fahrten zum Supermarkt, zu den Fotoshootingplätzen und zum Besorgen von Foto-Props. Ich danke dir für deine wahnsinnig große Unterstützung und dafür, dass du in jeder Notlage für mich da bist, und all den moralischen Support. Ganz großes Danke an dich.
Ein riesengroßes Danke an meine Ma dafür, dass du immer ein Ohr für mich hast, für all die Tipps, die nur Mütter wissen, fürs Verkosten, mich Anfeuern, An-mich-glauben und die große Hilfe bei all den Geschirrbergen. Danke für deine großzügige Unterstützung und unendliche Liebe.
Ein riesengroßes Umarmungs-Danke an meinen kleinen Bruder für all deine Unterstützung, das viele Kosten all der Speisen und dass du zur Stelle bist, wenn all der übrige Kuchen abgeholt werden muss. Dafür, dass du immer eine Antwort parat hast und die großzügige Überraschung. Für all die Entscheidungshilfen und deine wohltuenden Kleiner-Bruder-Umarmungen.
Ein ganz großes Danke an meine Oma (Nani), die – egal wie viel Chaos ich in der Küche fabriziert habe – immer eine ganz große Gelassenheit ausstrahlte, für die tolle Auswahl all der schönen Blumen und die Inspirationen für das eine oder andere Rezept. Dafür, dass sie so eine moderne Oma ist, die mich in all meinen Ideen unterstützt.
Tausend Dank an meinen Papa, der mich großzügig unterstützte und wegen dem es überhaupt das Outdoor Studio gibt. Ich bin so unendlich dankbar für dieses kleine Paradies.
Danke an meine Cousine fürs Begleiten ins Outdoor Studio und dass sie an diesem Tag so viel Unbeschwertheit in unsere Fotoshootings gebracht hat – das hat so gut getan. Und danke für die goldigen Lampions, die zum Einsatz kamen.
Auch ein großes Dankeschön an meine Tante, die geduldig mit mir das Layout überareitet hat und mir dabei mit Rat und Tat zur Seite stand.
Ein ganz herzliches Danke an Caroline von „urwüchsig": Die Begegnungen mit dir waren immer so eine Wohltat und dein Garten ist ein Paradies. Ich hatte einen so wunderschönen Nachmittag/Abend dort, als die Bilder für das Sommer-Café entstanden sind und ich in dein wunderschönes Gartenparadies eintauchen und die wunderschönen Blumen pflücken durfte. Ich werde mich ewig daran erinnern.
Ein superherzliches Danke an Urbanara für die wunderschönen Leinen-Servietten, Tischdecken, Kissen, Picknickdecken, Teller & Co., die es mir so leicht gemacht haben, damit ein schönes Setting zu kreieren. Ihr seid großartig.
Ich danke dem Jan Thorbecke Verlag, der mir die Chance gegeben hat, einen langjährigen Traum in die Tat umzusetzen, und Janina, die mir mit ihrer Ruhe immer ein gutes Gefühl gegeben hat. Ich bin stolz und dankbar, so tolle Menschen an meiner Seite zu haben, die mich bei dieser emotionalen Reise, ein eigenes Buch zu schreiben, begleiten. Ein ganz großes Danke an euch.

URBANARA®

urwüchsig
INTUITIV · KREATIV · NATÜRLICH

OUTDOOR STUDIO